〔資料解説〕

安保法制＝戦争法を廃止し、改憲許さない！
自民党「日本国憲法改正草案」を読み直す

憲法会議事務局　**高橋信一**

1　参議院選挙での野党統一実現と前進、一方で、両院は改憲案発議可能な構成に

安保法制＝戦争法廃止、立憲主義回復へ歴史的共同

２０１６年７月10日投開票で行われた参議院選挙では、市民＋４野党が「安保法制の廃止、立憲主義の回復、安倍政権の打倒」を一致点に、経済問題や民主主義問題での共通政策を掲げ、自民・公明＋補完勢力と正面からたたかうという戦後政治初めての選挙戦となり、市民と野党は11の１人区で議席を勝ち取るという画期的な成果をおさめました。

その選挙で大きな役割を果たしたのが、「安保法制の廃止と立憲主義の回復を求める市民連合」でした。戦争法廃止に向けた「総がかり」の共同のたたかいから、戦争させない・9条壊すな！総がかり行動実行委員会を先頭に国民的な画期的共同による戦争法反対の集会やデモが全国で展開され、「市民は団結」「野党は共闘」に発展、市民と野党連携の気運が高まり、「市民連合」結成となりました。そして、ついに野党共闘が実現し、画期的な勝利を勝ち取りました。

しかし、選挙全体の結果では、改憲勢力が非改選の議席とあわせると、衆議院とともに3分の2をこえ、改憲案発議が可能な構成となり、容易ならぬ重大な事態となりました。

しかし、日本国憲法公布70年のこの年に至るまで日本国民は、憲法9条はもとより、憲法全体の改変の策動を退けてきました。この選挙直後の世論調査（共同通信）でも「安倍政権下での憲法改正に反対」が50・3％でした。このように、

国会では改憲勢力が多数を占め、国民は改憲反対が多数という大きなねじれ状態となりました。

また、安倍首相は参院選で、改憲戦略に二つの不安材料を抱えてしまいました。その一つは、民進党が初めて明確に改憲反対を掲げたことで、改憲多数派結成に大きな困難を抱えたこと。もう一つは、市民と野党の共同が衆院選でも稼働すれば改憲どころではない事態を招く状況を抱えたことでした。

暴走政治と改憲議論推進に向け、体制を固める安倍政権

安倍首相は、参院選では「憲法は参院選の主要な争点ではない」と争点隠しを行いました。しかし、選挙が終わると「信任を得た」として暴走することが安倍首相の常套手段です。今回も案の定豹変し、開票途中の7月10日夜には、「自民党は憲法改正を公約しており、この秋から憲法審査会で論議を進めていく」「いかにわが党の案をベースに3分の2を構築していくか。これがまさに政治の技術だ」と語りました。

改憲を始めとする暴走政治を推進するために誕生させた第3次安倍再改造内閣は、首相を含む閣僚20人のうち、公明党の大臣を除く全員が、日本会議国会議員懇談会、神道政治連盟国会議員懇談会、みんなで靖国神社に参拝する国会議員の会のいずれかに所属歴のある「靖国」派政治家です。副大臣・政務官等もほとんどが「靖国」派です。（P86参照）

そして、自民党は憲法改正推進本部長に保岡興治氏を決定し、衆院憲法審査会長に森英介氏、審査会筆頭幹事に中谷元氏、参院憲法審査会長に柳本卓治氏をあてることを決め、憲法審査会の体制を固めました。そして、参院は16年11月16日、衆院は17日から憲法審査会が再開されました。

その体制を固める際に、森氏は、下村博文幹事長代理から、就任打診とともに「草案（自民党が２０１２年に発表した「日本国憲法改正草案」、以下「草案」とする）は封印してほしい」と要請されたと記者団に明かしました。

一方、安倍首相は臨時国会の衆院本会議で、「憲法審査会という静かな環境で、自民党が草案を示しているように、各党がそれぞれの考え方を示した上で真剣に議論を」と答弁し、憲法審査会で「草案」をベースに議論することが方針であると述べました。

後日開催された自民党憲法改正推進本部の全体会合で、保岡氏は「草案やその一部を切り取って、そのまま憲法審査会に提案することは考えていない」と表明。一方で「草案」を「わが党が歴史の中で発表した公式文書の一つ」と位置付け、「撤回できる性質のものではない」と述べました。国民の憲法改悪反対が多数のなかで、いかに野党を分断し一部を巻き込んだ形で議論を進めるか模索しています。「本丸」の「国防軍」設置を明記した「草案」にそった9条改憲へ直進したいが、まずは「お試し改憲」のため、改憲項目の絞り込みを目指す方向です。

２ 自民党「日本国憲法改正草案」を読み直す

「草案」を読み直して、憲法の偉大さに確信を持とう

自民党の「草案」で改憲されたらどんな日本となるのか、「草案」批判を展開する学習に取り組むことが重要です。そして、あらためて現在の憲法も学び直して、憲法が守るに値する世界に先駆的な宝物であること、その偉大さを学び、確信を持つことが重要です。憲法を深いところでとらえれば、改憲阻止のたたかいに確信を持つことができます。

(1) 自民党は自主憲法制定を党是とする政党

自民党は、結党以来、自主憲法制定を党是としています。新綱領（２００５年11月22日）のトップに、「新しい憲法の制定を／私たちは近い将来、自立した国民意識のもとで新しい憲法が制定されるよう、国民合意の形成に努めます」と「新しい憲法の制定」を掲げています。そして、憲法「改正」の必要性について、「日本国憲法改正草案Ｑ＆Ａ」（以下、「Ｑ＆Ａ」）のＱ１で、次のように述べています。

「（現在の憲法は）連合国軍の占領下において、同司令部が指示した草案を基に、その了解の範囲において制定されたものです。日本国の主権が制限された憲法には、国民の自由な意思が反映されていないと考えます。そして、実際の規定においても、自衛権の否定ともとられかねない９条の規定など、多くの問題を有しています。」

そして、２００５年11月22日に「新憲法草案」（『憲法問題学習資料集２』に掲載）を、２０１２年に「日本国憲法改正草案」を発表したと説明しています。

なお、「Ｑ＆Ａ」の初版は２０１２年10月に出しましたが、国民からの轟々たる非難のもとで、２０１３年10月に、立憲主義の否定、家族の形への国家の介入、97条の削除問題など７項目を追加し、増補版を発行しました。

また、「Ｑ＆Ａ」のＱ２では、「草案」のポイントや議論の経過について、次のように説明しています。

① 翻訳口調の言い回しや天《てん》賦《ぷ》人権説《じんけんせつ》に基づく規定振りを全面的に見直した。

② 天皇の章で、元首の規定、国旗・国歌の規定、元号の規定、天皇の公的行為の規定などを加えた。

③ 安全保障の章では、自衛権を明定し、国防軍の設置、領土等の保全義務を規定した。

④ 国民の権利及び義務の章では、国の環境保全、在外国民の保護、犯罪被害者への配慮、教育環境の整備の義務などの規定を加えた。

⑤ 国会、内閣及び司法の章は改正していない。

⑥ 地方自治の章では、地方自治体間の協力規定等を新設した。

⑦ 緊急事態の章を新設し、有事や大災害の時には、緊急事態の宣言を発することができるとし、内閣総理大臣が一定の権限を行使できるようにし、国等の指示に対する国民の遵守義務を規定した。

⑧ 改正の章では、憲法改正の発議要件について、両院で3分の2以上の賛成が必要とされていたものを過半数と改めた。

安倍首相は、臨時国会で、憲法の国民主権、基本的人権の尊重、平和主義は変わらないと主張しました。しかし、「草案」はそれらを根本から否定しています。「草案」は、憲法が国家権力を縛り、国民の自由を守るものという立憲主義を否定し、憲法を壊すものに他なりません。そして、国防軍の創設、緊急事態条項の新設など、「戦争する国」の憲法と言わざるを得ないものです。

(2) 国民主権を形骸化する「草案」

現在の憲法の前文冒頭では「日本国民は、正当に選挙された国会における代表者を通じて行動し…ここに主権が国民に存することを宣言」するとしています。一方、「草案」は「日本国は、長い歴史と固有の文化を持ち、国民統合の象徴である天皇を戴く国家であって、国民主権の下、立法、行政、及び司法の三権分立に基づいて統治される」としています。

現在の憲法の冒頭は「日本国民」ですが、「草案」は「日本国」です。これは国の中心が「国民」ではなく、「国」そのものだとしているのです。

そして、「草案」第1条では、「天皇は、日本国の元首であり…」としています。「Q&A」Q5は明治憲法では元首と規定され、当時も現在も外交儀礼上では元首として扱われているから、天皇が元首であることは「紛れもない事実」だと説明しています。国民主権を形骸化し、明治憲法に戻すような考えです。

さらに、第3条では、「国旗は日章旗とし、国歌は君が代とする」とし、2項では「日本国民は、国旗及び国歌を尊重しなければならない」と義務づけています。1999年の「国旗国歌法」では国旗は日の丸、国歌は君が代と決められましたが、「尊重」義務は定められていません。国旗・国歌で国民に国を敬愛させようとの考えです。

第4条で元号が加わりました。1979年に「元号法」が定められていますが、あえて憲法に書き込もうとしています。

このように、天皇の元首化、国旗・国歌の規定・元号の制定により、国民主権を形骸化し、国民の主権者意識を縮減する道具にしようとしているのです。

(3)「戦争の放棄」を放棄する「草案」

現在の憲法は、前文に「政府の行為によつて再び戦争の惨禍が起ることのないやうに」と、過去に国が引き起こした戦争に対する深い反省を明記しています。また、「全世界の国民が、ひとしく恐怖と欠乏から免かれ、平和のうちに生存する権利を有することを確認する」と「平和的生存権」を謳っています。そして、第9条はもちろんですが、戦争への反省は人権条項をはじめ日本国憲法のあらゆる条文の土台となっています。

ところが、「草案」にはそれが全くなく、「平和的生存権」も削られ、前文では「我が国は、先の大戦による荒廃や幾多の大災害を乗り越えて発展」したと、戦争による被害と大災害を同列に並べ、戦争はあたかも突然の災害のように描いています。

そして、現在の憲法前文では、対話と外交努力によって平和を愛する諸国民との信頼関係を深めて「われらの安全」を維持するとしていますが、「Ｑ＆Ａ」Ｑ３ではこれを、「ユートピア的発想による自衛権の放棄」と批判し、「草案」前文で「日本国民は、国と郷土を誇りと気概を持って自ら守り」と国民に国土防衛の義務を押し付けています。

さらに、第二章は現在の憲法では「戦争の放棄」ですが、「草案」は「安全保障」という題をつけています。「安全保障」とは「国の領土保全と政治的独立、国民の生命・財産を外部からの攻撃から守ること」であり、「戦争の放棄」とは全く意味が違います。

９条を戦争のブレーキからアクセルへと変える

憲法の９条第一項は「日本国民は、正義と秩序を基調とする国際平和を誠実に希求し、国権の発動たる戦争と、武力による威嚇又は武力の行使は、国際紛争を解決する手段としては、永久にこれを放棄する」と「戦争の放棄」を、それも「永久に」と謳っています。ところが、「草案」は「永久に放棄する」を削除しています。

第二項は「前項の目的を達するため、陸海空軍その他の戦力は、これを保持しない。国の交戦権は、これを認めない」と、「戦力の不保持・交戦権の否認」を謳っています。「草案」ではそれを削除し、「前項の規定は、自衛権の発動を妨げるものではない」として第一項を全面否定しています。自民党の「積極的平和主義」の考えに基づくもので、これまで９条は戦争のブレーキでしたが、これでは戦争へのアクセルの役割を果たすことになります。

国防軍の設置

「草案」では、第９条２項として、「我が国の平和と独立並びに国及び国民の安全を確保するため、内閣総理大臣を最高指揮官とする国防軍を保持する」と、「国防軍」を位置づけました。「Ｑ＆Ａ」では、軍隊を保持していないのは日本だけとして、独立国にふさわしく「国防軍」を設けるとしています。

そして、国防軍は「国際社会の平和と安全を確保するために国際的に協調して行われる活動」を行うとしています。安倍政権は、２０１４年に集団的自衛権の行使を容認しましたが、アメリカと一緒に戦争する国として、どんな戦争にも参加する国防軍が必要なのです。

また、「草案」は、国防軍は「公の秩序を維持し、又は国民の生命若しくは自由を守るための活動を行うことができる」としています。「公の秩序の維持」の活動として、最高指揮官の首相が判断すれば、国民のデモや集会が対象とされる危険性があります。

(4) 基本的人権の「尊重」から「制限」へ

「Q&A」を見ると、「西欧の天賦人権説に基づ（く）……規定は改める必要がある」としています。天賦人権説とは、人は生まれながらにして自由かつ平等であるという考え方で、アメリカの独立宣言やフランスの人権宣言に取り入られ、今世界中の憲法で基本的人権の尊重が謳われています。その説に基づく規定振りを見直すとは、日本には日本の文化と伝統があるとして、人権に関する条文を日本の風土に合ったものにするとしています。

憲法には、第11条「国民は、すべての基本的人権の享有を妨げられない」をはじめ、第12条、第13条、第14条、第18条、第97条など人権に関する条文がたくさんあります。それは戦前の大日本帝国憲法のもとで人権が大きく制限され、戦争中には国民の人権を踏みにじるできごとが多数ありました。その反省に立ち、基本的人権の「自由権」、「参政権」、「社会権」が謳われています。このように多数の権利で国民の生活を守っています。

「草案」では、再び人権を大きく制限しようとしています。第12条を「国民は、これ（注：基本的人権）を濫用してはならず、自由及び権利には責任及び義務が伴うことを自覚し、常に公益及び公の秩序に反してはならない」と変え、「公益及び公の秩序」に反していると言えば、基本的人権は全て規制できるように定めています。

また、97条の「この憲法が日本国民に保障する基本的人権は、人類の多年にわたる自由獲得の努力の成果であつて、これらの権利は、過去幾多の試錬に堪へ、現在及び将来の国民に対し、侵すことのできない永久の権利として信託されたものである」を、削除しています。

さらに、人権を制限する幾つもの「改正」が盛り込まれています。字数の関係で条文の改正を紹介します。

①第13条では「すべて国民は、個人として尊重される」の「個人」を「人」に変えています。

②第12、第13、第29条の「公共の福祉」を「公益及び公の秩序」に変え、第22条では「公共の福祉に反しない限り」を削除しています。

③第19条の二として、「何人も、個人に関する情報を不当に取得し、保有し、又は利用してはならない」という新しい条文を加えています。

④第21条の集会・結社・表現の自由の規定に、「前項の規定にかかわらず、公益及び公の秩序を害することを目的とした活動を行い、並びにそれを目的として結社することは、認められない」を加えています。

⑤第24条の「両性の平等」を「家族、婚姻等に関する基本原則」にあらため、「家族は、社会の自然かつ基礎的な単位として、尊重される。家族は、互いに助け合わなければならない」との新しい条文を設けています。

⑥第20条の政教分離の規定に、「ただし、社会的儀礼又は習俗的行為の範囲を超えないものについては、この限りでない」と加えています。

⑦国民の義務は第26条（教育をうけさせる義務）、第27条（勤

労の義務）、第30条（納税の義務）だけでしたが、改憲「草案」では前文の「国と郷土を誇りと気概を持って自ら守（る）」、3条「国旗及び国歌を尊重しなければならない」等と多数設けられました。

(5) 地方自治そのものを破壊する「草案」

現在の憲法の地方自治の理念は、戦前への反省から、中央集権を排し平和と国民の自由を保障するとともに、住民の直接参加による民主主義の発揚を図るものです。また、国と自治対は対等であるとしています。ところが、「草案」はその理念を切り縮め、地方自治そのものを破壊しようとしています。

「草案」92条で地方自治の果たす役割を「住民に身近な行政」と定め、立憲・民主・平和・社会保障という地方自治の広範な理念を著しく切り縮めています。また、「草案」93条では国と地方自治体の「役割分担」、地方自治体の「相互協力」を定めています。これは「国に頼るな」、厳しい財政でも「自治体同士で助け合え」という姿勢です。

ですから、「草案」は96条で財政については「自主的な財源」の原則を定め、Q&Aでは「地方自治が自主的財源に基づいて運営される」と、それが基本のように説明しています。さらに「草案」92条では住民は「負担を公平に分担する義務を負う」とまで定めています。

さらに、「草案」93条では「基礎地方自治体及びこれを包括する広域地方自治体」を基本とし、「道州制」に道を開こうとしています。

(6) 「緊急事態条項」の設置

「草案」は、国が重大な危機に直面した場合として、「緊急事態条項」を第98・99条として新たに設けています。現在の憲法では、戦前の戒厳令が人権を抑圧し、戦争の道を進めたことへの反省から、定めていません。「草案」では、緊急事態を宣言すれば、内閣が自由に政令をつくり、総理は予算も自由に使うことができ、知事や市区町村長に指示も出せます。知事や市区町村長、国民はその指示に従わねばなりません。国民の人権と生活を大きく制限する内容です。しかし、98条でいう緊急事態に対しては、国外からの攻撃には武力攻撃事態法、内乱には警察法や自衛隊法、自然災害には災害対策基本法などで対処することができます。なぜ憲法にあえて位置づけるのかと考えると、戦争する国づくりのためというしかないでしょう。

3 安倍政権の暴走と国民のたたかい

戦争法は、①日本が攻撃されていなくとも、いつでも、どこでも、米国などの戦争に参加する。②「後方支援」という名で、戦闘地域で「兵站活動」をおこなう。③PKOに治安維持活動や「駆けつけ警護」を追加する。④自衛隊は他国軍の先制攻撃にも参加し、武器使用を大幅に拡大するものです。まさに、「戦争法」です。それを見抜いた国民の戦争法阻止に向けた全国的なたたかいは、２０１５年9月19日の強行採決後には、廃止を求め、さらに大きなたたかいに発展しました。

そして、強行成立から5か月目の2月19日に野党5党首が「安保法制（＝戦争法）の廃止」や「国政選挙で最大限の協力を行う」等の4項目で合意し、その日に戦争法廃止に向けた二法案を提出しました。それを契機に戦争法廃止に向けた運動が大きく発展し、参院選での大きな前進へと繋がっていきます。

しかし、安倍首相は戦争法の具体化を進め、南スーダンへ派遣する自衛隊に、武器を使って他国の部隊などを救援する「駆け付け警護」等を付与し、16年11月20日に新たな部隊を派遣させました。一方で、9月12日自衛隊の高級幹部合同で「制度は整った今こそ、実行の時」と訓示を行っています。また、沖縄での東村高江へリパッド建設、辺野古工事再開、原発の再稼働、労働法制改悪、ＴＰＰ批准、カジノ推進、社会保障削減、などを強権的に推進するとともに、過去3回国会に提出したが廃案となった「共謀罪」を、名を変えて提出しようとしており、あらゆる分野で暴走政治を加速させています。

しかし、安倍政権の暴走政治が強まれば強まるほど、国民の共同のたたかいも強まります。戦争法廃止のたたかいでは、強行1年目の9月19日には全国４００か所を超える地域で集会・デモが開催され、国会前には2万3千人が集い、戦争法廃止を訴えました。また、戦争法廃止の２０００万全国統一署名は１５８０万人の署名が集約され、燎原の火のように広がり続けています。

このようなもとで、「草案」の批判的学習に取り組み、そして、憲法の偉大さ、日本国憲法は世界に誇る先駆的な宝物であることを学び直すことが重要です。そして、憲法自身が持つ力に依拠して、わくわくする改憲阻止のたたかいをつくりあげて行きましょう。憲法会議は憲法の大学習運動と対話運動を呼びかけています。

（２０１６年12月10日　たかはし　しんいち）

『平成28年度防衛白書』
戦争法発動へ、『防衛白書』が広報役　破たんした政府答弁を追認

憲法会議代表幹事　川村俊夫

『防衛白書』と戦争法

２０１６年度『防衛白書』が16年8月2日、閣議で了承されました。１９７０年に防衛庁発行で始まった『白書』は、防衛庁の「省」昇格にともない「防衛省」発行になり、そし

て2011年からは「防衛省・自衛隊」発行となり、発行者名そのものが自衛隊増強の歴史を反映するとともに、いまや自衛隊が直接顔を出し国民に訴えるようになっています。

『白書』発行当時（16年8月）の防衛大臣・中谷元氏は、冒頭の「刊行によせて」のなかで戦争法施行の意義を強調し、「法制により、日米の信頼関係も大きく向上し、同盟関係は一層強固なものとなりました。さらに、これを世界に発信することで、抑止力が一層向上し、わが国の安全が一層確実なものとなることは間違いありません」と、2016年の『白書』が戦争法を国民にアピールするためのものであることを明らかにしています。

そのため『白書』は、あれほど大きな反対運動がおこり、成立後の各種世論調査で6～7割が「評価しない」との意思表明をしたにもかかわらず、そうしたことにはいっさいふれていません。法案は「与党のみならず…野党3党の賛成も得」たとか、「同盟国である米国はもとより、豪州やインド、東南アジアや欧州の国々にくわえ、ASEAN、EUなどからも強い支持を受けている」などとしています。公的出版物としての「公正さ」など眼中になく、安倍内閣の広報誌そのものです。

国民向けのアピール

とくに国民向けにアピールするため、施行された戦争法の内容についての説明だけでなく、「なぜ、今、平和安全法制が必要か」「在外邦人等の保護措置について」「平和安全法制と憲法の関係について」「駆け付け警護について」「自衛隊員のリスクについて」「徴兵制に関する指摘について」等々10項目もの「解説」のコラムを掲載しています。いずれも国会で追及され、政府がまともに答弁できなかった言い訳を一方的に繰り返しているにすぎません。

たとえば「在外邦人等…」です。海外に進出する日本企業が増えているなかで、「自衛隊が邦人等を輸送するために邦人等が集合する場所に向かっているときに状況が変化し、その集合場所の邦人等が暴徒等に取り囲まれてしまったような場合」に、自衛隊が武器を使用し「警護」や「救出」ができるというのです。

しかし、例えばその「暴徒」がシリアのアサド政権に対抗する反政府勢力である場合、自衛隊が直接武力で介入するとどうなるでしょう。日本は、他国の内乱に武力で介入することになるだけでなく、邦人も戦闘に巻き込み犠牲者を出すことにならないでしょうか。

あるいは、戦争法の一部としてPKO法改悪によって新たに実施された「駆けつけ警護」はどうでしょうか。「解説」は、「『駆けつけ警護』の実施にあたっては、…派遣先国および紛争当事者の受け容れ同意が、国連活動及びわが国の業務が行われる期間をつうじて安定的に維持されると認められることを前提」に行うと、従来のPKO5原則を前提に行うから自衛隊員は安全だといいます。

しかしそれなら、何も国民の反対を押し切って戦争法の一環としてPKO法を改悪する必要はありませんでした。PK

O法改悪は、他国軍隊や宿営地を守るため自衛隊が武器を使用することとし、「自己又は自己の管理下にある者」を守るための正当防衛に限られていた武器使用を、任務遂行のための武器使用をも認めるための改悪でした。

集団的自衛権容認へ転換―一片の閣議決定だけで

『防衛白書』がこうした言い訳をしなければならないのも、たった一年で集団的自衛権行使についての政府解釈が180度転換されたからです。『白書』の記述でみると…

13年…「わが国が直接攻撃されていないにもかかわらず他国に加えられた武力攻撃を実力で阻止することは、憲法第9条のもとで許容される実力行使の範囲を超えるものであり、許されない」

14年…「わが国に対する武力攻撃が発生した場合のみならず、わが国と密接な関係にある他国に武力攻撃が発生し、これによりわが国の存立が脅かされ、国民の生命、自由及び幸福追求の権利が根底から覆される場合において、…必要最小限度の実力を行使することは…憲法上許容される」

この転換をもたらしたのは、14年7月1日に、集団的自衛権を「部分容認」するとの一片の閣議決定です。

では、政府は具体的にどのようにケースを念頭に描いていたのでしょうか。安倍首相は、具体例として、「邦人輸送の米艦」が攻撃された場合をあげました。しかし、「米艦が日本に助けてもらわなければならないような船団で行動するのか」と国会で追及されると、安倍首相も「（米艦は）一隻単独でくることはない。米軍は自己完結型で、できる限り防備を固めてくる」と認めざるをえませんでした。

また、安倍首相はイランとアメリカとの間に戦争がおこり、ホルムズ海峡が機雷封鎖されると、日本に石油が来なくなるので自衛隊を派遣して掃海活動にあたるという例をあげました。しかしこれも、イラン側から、イラン経済の打撃になる「機雷封鎖」などありえないとの話が伝えられると、安倍首相はこの答弁もあっさり投げ出しています。本来なら、これで戦争法は断念すべきにもかかわらず、政府は何の反省もせずに法案を強行し、『白書』もこれをまたもちだし、追認しています。

「抑止力」論でソ連は崩壊

ではなぜ、戦争法の発動か。政府も『白書』も「グローバルなパワーバランスの変化」＝アメリカの国際社会における影響力が相対的に低下している一方で特に中国、北朝鮮の軍事的挑発が強まっていること＝を述べ、戦争法はそうした状態に強い「抑止力」となることを強調します。

しかしこの「抑止力」論というのは、つねに相手を上回る軍事力をもっていなければ安心できないという考えです。冷戦時代には米ソの激しい軍拡競争を引き起こし、ついにその軍事費の重圧によってソ連を崩壊に導き、アメリカも財政的圧迫から世界的影響力を低下させる遠因になっている考えです。

安倍内閣のもとでついに軍事費が5兆円を突破した日本も

この道を歩むことにならないでしょうか。

安倍内閣が目指す自衛隊―殺し、殺される軍隊に

そして、こうした戦争法のもとで自衛隊が16年11月には「駆け付け警護」、宿営地共同防衛などの新たな任務を帯びて南スーダンへ派兵されました。『白書』はＰＫＯ５原則を前提にすると書いていますが、政府は新たな任務を追加するための訓練を行いました。それが武力紛争を予定したものであることは明らかです。

もともと「解説」記事は、「自衛隊員のリスク」について、「新たな任務に伴うリスクが生じる可能性はありますが、これを、法律上及び運用上の安全確保の仕組みによって、極小化、局限化し、隊員を派遣します」としています。

しかし、実際に戦闘がおこなわれている現場に武器使用の権限を認められた自衛隊が入ればそんな説明は通用するでしょうか。

何よりも問題となることは、最終的に自衛隊を監督する立場にある政府の姿勢です。

自衛隊の最高責任者である安倍首相は、「尖閣問題について、よく『外交交渉で解決していく』という人がいますが、この問題に外交交渉の余地などありません」と断言し、「誤解を恐れずにいえば物理的な力です」と武力こそが最高の「抑止力」であることを公言してはばかりません（安倍晋三『新しい国へ』）。

そして、安倍首相は戦争法発動を実行する一番手として、8月の内閣改造で防衛大臣に稲田朋美氏を起用しました。稲田氏は名うての「靖国」派の一人で「東京裁判史観からの脱却を唱え」つづけ、16年2月の衆院の予算委員会で「現実に合わなくなっている9条2項をこのままにしておくことこそ、立憲主義を空洞化する」と発言するなど、9条の「改正」を持論とする人物です。

日米同盟強化がねらい

もともとこうした戦争法の背景には、冒頭の中谷防衛大臣の発言が真っ先にあげているように、日米同盟の強化にそのねらいがあります。

つまり、今回の戦争法強行に向けての動きが13年10月3日の日米安保協議委員会（日米の防衛・外交首脳の会議＝２＋２会議）で、「日米同盟の枠組みにおける日本の役割を拡大」するため、日本は「集団的自衛権の行使に関する事項を含む自国の安全保障の法的基盤の再検討」が確認された結果、15年4月27日の日米防衛協力のための指針（ガイドライン）見直しが行われ、その実行のため戦争法の強行となっているものです。

（２０１６年9月3日　かわむら　としお）

1 日本国憲法と、自民党改憲草案＋自民党によるQ&Aの対照一覧表
（日本国憲法改正草案）

【この資料の内容について】

○「日本国憲法」、自民党「日本国憲法改正草案」（自民党改正草案）、「日本国憲法改正草案Q&A」を項目ごとに掲載しました。

14ページ以後は以下のように対照しています。

①上段　日本国憲法（国立国会図書館WEB「憲法条文」に基づく）

②中段　自民党「日本国憲法改正草案」（2012年4月27日決定）

③下段　自民党「日本国憲法改正草案Q&A」（2012年10月初版、13年10月増補版より）

○設問も回答も自民党による外部向け見解をそのまま掲載します。したがって内容については批判的検証を必要とします。

○なお、編集部による解説「ここに注意！」を適宜掲載しました。また、表記方法等の補足説明を〔　〕で記入しています。

自民党　日本国憲法改正草案Q&A
（総論部分）

▼Q1　なぜ、今、憲法を改正しなければならないのですか？

なぜ、自民党は、「日本国憲法改正草案」を取りまとめたのですか？

答　わが党は、結党以来、自主憲法制定を党是としています。占領体制から脱却し、日本を主権国家にふさわしい国にするため、これまで憲法改正に向けて多くの提言を発表してきました。

昭和31年4月28日『中間報告―憲法改正の必要と問題点』

昭和47年6月16日『憲法改正大綱草案（試案）―憲法改正の必要とその方向』

昭和57年8月11日『日本国憲法総括中間報告』

平成17年11月22日『新憲法草案』

平成24年4月27日『日本国憲法改正草案』

現行憲法は、連合国軍の占領下において、同司令部が指示した草案を基に、その了解の範囲において制定されたものです。日本国の主権が制限された中で制定された憲法には、国民の自由な意思が反映されていないと考えます。そして、実際の規定においても、自衛権の否定ともとられかねない9条の規定など、多くの問題を有しています。

この間、わが党は、平成12年の憲法調査会の設置や、平成19年の憲法改正国民投票法の制定と憲法審査会の設置を主導するなど、憲法改正に向け様々な取組を行ってきました。

平成11年7月29日　憲法調査会設置のための国会法改正案が成立

平成12年1月20日　衆参両院に憲法調査会設置

平成17年9月22日　衆院に憲法調査特別委員会設置

平成19年1月25日　参院に憲法調査特別委員会設置

平成19年5月18日　憲法改正国民投票法の公布

平成19年8月7日　衆参両院に憲法審査会設置

平成22年5月18日　憲法改正国民投票法の施行

平成23年10月20日　衆参両院の本会議にお

いて、憲法審査会委員を選任
　このような取組と同時に、わが党は、サンフランシスコ平和条約発効（昭和27年4月28日）から60周年となる平成24年4月28日、すなわち主権を回復した日に合わせ、「日本国憲法改正草案」を発表しました。

　平成17年にも「新憲法草案」を発表しましたが、憲法改正国民投票法が施行され、衆参両院に憲法審査会が設置されて、憲法改正議論が本格化するのを機に、旧草案を全面的に再検討し、内容を補強しました。

　憲法改正国民投票法が施行され、憲法改正のための手続が定められ、衆参両院で3分の2以上の賛成が得られれば、憲法改正が現実のものとなります。

　また、世界の国々は、時代の要請に即した形で憲法を改正しています。主要国を見ても、戦後の改正回数は、アメリカが6回、フランスが27回、イタリアは16回、ドイツに至っては59回も憲法改正を行っています（平成25年1月現在）。しかし、日本は戦後一度として改正していません。

　平成22年に発表した党の「綱領」においても、「日本らしい日本の姿を示し、世界に貢献できる新憲法の制定を目指す」としています。諸外国では、現実とのかい離が生じれば憲法を改正しています。

〔図・主要国の憲法改正回数　略〕

▼Q2　今回の「日本国憲法改正草案」のポイントや議論の経緯について、説明してください。

答　今回の草案では、日本にふさわしい憲法改正草案とするため、まず、翻訳口調の言い回しや天賦人権説に基づく規定振りを全面的に見直しました。

　その上で、天皇の章で、元首の規定、国旗・国歌の規定、元号の規定、天皇の公的行為の規定などを加えています。

　安全保障の章では、自衛権を明定し、国防軍の設置を規定し、あわせて、領土等の保全義務を規定しました。

　国民の権利及び義務の章では、国の環境保全、在外国民の保護、犯罪被害者への配慮、教育環境の整備の義務などの規定を加えました。

　一方、国会、内閣及び司法の章では、大幅な改正はしていません。統治機構に関することは、それぞれ個別の課題ごとに、更に議論を尽くす必要があると考えたからです。一院制の導入については、かなり議論をしましたが、引き続き、二院制の在り方を検討することとなりました。

　地方自治の章では、旧草案を土台に一定の見直しを行い、地方自治体間の協力の規定などを新設しました。

　緊急事態の章を新設し、有事や大災害の時には、緊急事態の宣言を発することができることとし、その場合には、内閣総理大臣が法律に基づいて一定の権限を行使できるようにするとともに、国等の指示に対する国民の遵守義務を規定しました。あわせて、国会議員の任期の特例などを定めることができるよう規定しました。

　改正の章では、憲法改正の発議要件について、これまで、両院で3分の2以上の賛成が必要とされていたものを、過半数と改め、緩和しました。

　なお、憲法改正推進本部では、平成21年12月4日の第1回会合から議論を交わし、各界の有識者ヒアリング等を行い、論点を取りまとめました。

　憲法改正推進本部の下に起草委員会を設置し、起草委員会案を取りまとめ、憲法改正推進本部にて議論を深め、「日本国憲法改正草案」を平成24年4月27日に決定、発表いたしました。

　一連の過程において、憲法改正推進本部は31回、起草委員会は12回、さらに役員会や勉強会などのべ50回を超える会議を重ねてまいりました。

日本国憲法

■【前文】

日本国民は、正当に選挙された国会における代表者を通じて行動し、われらとわれらの子孫のために、諸国民との協和による成果と、わが国全土にわたつて自由のもたらす恵沢を確保し、政府の行為によつて再び戦争の惨禍が起ることのないやうにすることを決意し、ここに主権が国民に存することを宣言し、この憲法を確定する。そもそも国政は、国民の厳粛な信託によるものであつて、その権威は国民に由来し、その権力は国民の代表者がこれを行使し、その福利は国民がこれを享受する。これは人類普遍の原理であり、この憲法は、かかる原理に基くものである。われらは、これに反する一切の憲法、法令及び詔勅を排除する。

日本国民は、恒久の平和を念願し、人間相互の関係を支配する崇高な理想を深く自覚するのであつて、平和を愛する諸国民の公正と信義に信頼して、われらの安全と生存を保持しようと決意した。われらは、平和を維持し、専制と隷従、圧迫と偏狭を地上から永遠に除去しようと努めてゐる国際社会において、名誉ある地位を占めたいと思ふ。われらは、全世界の国民が、ひとしく恐怖と欠乏から免かれ、平和のうちに生存する権利を有することを確認する。

われらは、いづれの国家も、自国のことのみに専念して他国を無視してはならないのであつて、政治道徳の法則は、普遍的なものであり、この法則に従ふことは、自国の主権を維持し、他国と対等関係に立たうとする各国

自民党　日本国憲法改正草案

２０１２年４月27日

●【前文】

日本国は、長い歴史と固有の文化を持ち、国民統合の象徴である天皇を戴く国家であって、国民主権の下、立法、行政及び司法の三権分立に基づいて統治される。

我が国は、先の大戦による荒廃や幾多の大災害を乗り越えて発展し、今や国際社会において重要な地位を占めており、平和主義の下、諸外国との友好関係を増進し、世界の平和と繁栄に貢献する。

日本国民は、国と郷土を誇りと気概を持って自ら守り、基本的人権を尊重するとともに、和を尊び、家族や社会全体が互いに助け合って国家を形成する。

我々は、自由と規律を重んじ、美しい国土と自然環境を守りつつ、教育や科学技術を振興し、活力ある経済活動を通じて国を成長させる。

日本国民は、良き伝統と我々の国家を末永く子孫に継承するため、ここに、この憲法を制定する。

自民党　日本国憲法改正草案Q＆A

２０１３年10月増補版

▼Q３「前文」を改めた理由は何ですか？　また、新しい「前文」には、どのようなことが盛り込まれたのですか？

答（前文を改めた理由）

現行憲法の前文は、全体が翻訳調でつづられており、日本語として違和感があります。そして、その内容にも問題があります。

前文は、我が国の歴史・伝統・文化を踏まえた文章であるべきですが、現行憲法の前文には、そうした点が現れていません。

また、前文は、いわば憲法の「顔」として、その基本原理を簡潔に述べるべきものです。現行憲法の前文には、憲法の三大原則のうち「主権在民」と「平和主義」はありますが、「基本的人権の尊重」はありません。

特に問題なのは、「平和を愛する諸国民の公正と信義に信頼して、われらの安全と生存を保持しようと決意した」という部分です。これは、ユートピア的発想による自衛権の放棄にほかなりません。

こうしたことを踏まえ、今回、現行憲法の前文を全面的に書き換えることとしました。

（前文の内容）

第一段落では、我が国は、長い歴史と固有の文化を持ち、国民統合の象徴である天皇を戴く国家であることを明らかにし、また、主権在民の下、三権分立に基づいて統治されることをうたいました。

第二段落では、戦後の歴史に触れた上で、平和主義の下、世界の平和と繁栄のために貢献することをうたいました。

第三段落では、国民は国と郷土を自ら守り、家族や社会が助け合って国家を形成する自助、共助の精神をうたいました。その中で、基本的人権を尊重することを求めました。党内議論の中で「和の精神は、聖徳太子以来の我が国の徳性である。」という意見があり、ここに「和を尊び」という文言を入れました。

第四段落では、自民党の綱領の精神である「自由」を掲げるとともに、自由には規律を伴うものであることを明らかにした上で、国土と環境を守り、教育と科学技術を振興し、活力ある

の責務であると信ずる。
日本国民は、国家の名誉にかけ、全力をあげてこの崇高な理想と目的を達成することを誓ふ。

●ここに注意!!①

「前文」憲法の根底にある戦争に対する深い反省、全くなしの「草案」

憲法は、前文に「政府の行為によつて再び戦争の惨禍が起ることのないやうに」と、過去に国が引き起こした戦争に対する深い反省を明記し、「平和的生存権」を謳っています。

ところが、自民党改憲草案にはそれが全くなく、「平和的生存権」も削られ、「我が国は、先の大戦による荒廃や幾多の大災害を乗り越えて発展」と、戦争による被害と大災害を同列に並べ、戦争はあたかも突然の災害のように描いています。

そして、憲法の前文では、対話と外交努力によって平和を愛する諸国民との信頼関係を深めて「われらの安全」を維持するとしていますが、自民党「Q＆A」のQ３では、それを「ユートピア的発想による自衛権の放棄」と批判し、「日本国民は、国と郷土を誇りと気概を持って自ら守り」と国民に国土防衛の義務を押し付けています。

そして、前文冒頭の主語は、憲法は「日本国民」であり、改憲草案は「日本国」です。

経済活動を通じて国を成長させることをうたいました。
第五段落では、伝統ある我が国を末永く子孫に継承することをうたい、新憲法を制定することを宣言しました。

▼Q４　自民党の憲法改正草案は、立憲主義を否定しているのではないですか？

答（立憲主義を否定したものではない）

自民党の「日本国憲法改正草案」は、人権を保障するために権力を制限するという、立憲主義の考え方を何ら否定するものではありません。

自民党の草案においては、権力分立の構造は変わりありませんし、「基本的人権の尊重」が、「主権在民」「平和主義」とともに日本国憲法の三大原則の一つであることも全く変わりはありません。むしろ、前文においては、現行憲法で上記三大原則のうち唯一記載の欠けていた「基本的人権の尊重」を明確に盛り込んだところです。

（立憲主義は、国民の義務規定を憲法に設けることを否定しない）

立憲主義の観点からすれば、憲法は権力の行使を制限する「制限規範」が中心となるべきものですが、同時に、立憲主義は、憲法に国民の義務規定を設けることを否定するものではありません。

実際、現行憲法でも「教育を受けさせる義務」「勤労の義務」「納税の義務」が規定されており、これは、国家・社会を成り立たせるために国民が一定の役割を果たすべき基本的事項については、国民の義務として憲法に規定されるべきであるとの考え方です。

この点は、他の多くの立憲国家においても、国防義務や憲法擁護義務といったものが国民の義務規定として憲法に盛り込まれていることからも明らかです。（例：イタリア憲法52条１項（祖国防衛義務）、同54条（共和国への忠誠義務）、ドイツ基本法12ａ条（兵役義務）など）

日本国憲法

■第一章　天皇

（天皇の地位と主権在民）

第一条　天皇は、日本国の象徴であり日本国民統合の象徴であつて、この地位は、主権の存する日本国民の総意に基く。

（皇位の世襲）

第二条　皇位は、世襲のものであつて、国会の議決した皇室典範の定めるところにより、これを継承する。

（内閣の助言と承認及び責任）

第三条　天皇の国事に関するすべての行為には、内閣の助言と承認を必要とし、内閣が、その責任を負ふ。

〔草案は下記を挿入〕

自民党改憲草案

●第一章　天皇

（天皇）

第一条　天皇は、日本国の元首であり、日本国及び日本国民統合の象徴であって、その地位は、主権の存する日本国民の総意に基づく。

（皇位の継承）

第二条　皇位は、世襲のものであって、国会の議決した皇室典範の定めるところにより、これを継承する。

〔削除〕

（国旗及び国歌）

第三条　国旗は日章旗とし、国歌は君が代とする。

2　日本国民は、国旗及び国歌を尊重しなければならない。

自民党「Q&A」

▼Q5　「日本国憲法改正草案」では、天皇を「元首」と明記していますが、これについてどのような議論があったのですか？

答　憲法改正草案では、1条で、天皇が元首であることを明記しました。

元首とは、英語ではHead of Stateであり、国の第一人者を意味します。明治憲法には、天皇が元首であるとの規定が存在していました。また、外交儀礼上でも、天皇は元首として扱われています。

したがって、我が国において、天皇が元首であることは紛れもない事実ですが、それをあえて規定するかどうかという点で、議論がありました。

自民党内の議論では、元首として規定することの賛成論が大多数でした。反対論としては、世俗の地位である「元首」をあえて規定することにより、かえって天皇の地位を軽んずることになるといった意見がありました。反対論にも採るべきものがありましたが、多数の意見を採用して、天皇を元首と規定することとしました。

▼Q6　国旗・国歌及び元号について規定を置いていますが、これについてどのような議論があったのですか？

答　（国旗・国歌について）

我が国の国旗及び国歌については、既に「国旗及び国歌に関する法律」によって規定されていますが、国旗・国歌は一般に国家を表象的に示すいわば「シンボル」であり、また、国旗・国歌をめぐって教育現場で混乱が起きていることを踏まえ、3条に明文の規定を置くこととしました。

当初案は、国旗及び国歌を「日本国の表象」とし、具体的には法律の規定に委ねることとしていました。しかし、我々がいつも「日の丸」と呼んでいる「日章旗」と「君が代」は不変のものであり、具体的に固有名詞で規定しても良いとの意見が大勢を占めました。

また、3条2項に、国民は国旗及び国歌を尊重しなければ

〔草案は下記を挿入〕

（天皇の権能と権能行使の委任）
第四条 ①天皇は、この憲法の定める国事に関する行為のみを行ひ、国政に関する権能を有しない。
②天皇は、法律の定めるところにより、その国事に関する行為を委任することができる。

（摂政）
第五条 皇室典範の定めるところにより摂政を置くときは、摂政は、天皇の名でその国事に関する行為を行ふ。この場合には、前条第一項の規定を準用する。

（天皇の任命行為）
第六条 ①天皇は、国会の指名に基いて、内閣総理大臣を任命する。
②天皇は、内閣の指名に基いて、最高裁判所の長たる裁判官を任命する。

（天皇の国事行為）
第七条 天皇は、内閣の助言と承認により、国民のために、左の国事に関する行為を行ふ。
一 憲法改正、法律、政令及び条約を公布すること。
二 国会を召集すること。
三 衆議院を解散すること。
四 国会議員の総選挙の施行を公示すること。
五 国務大臣及び法律の定めるその他の官吏の任免並びに全権委任状及び大使及び公使の信任状を認証すること。
六 大赦、特赦、減刑、刑の執行の免除及び復権を認証すること。

（元号）
第四条 元号は、法律の定めるところにより、皇位の継承があったときに制定する。

（天皇の権能）
第五条 天皇は、この憲法に定める国事に関する行為を行い、国政に関する権能を有しない。

〔第七条へ移動〕

〔削除〕

（天皇の国事行為等）
第六条 天皇は、国民のために、国会の指名に基づいて内閣総理大臣を任命し、内閣の指名に基づいて最高裁判所の長である裁判官を任命する。
2 天皇は、国民のために、次に掲げる国事に関する行為を行う。
一 憲法改正、法律、政令及び条約を公布すること。
二 国会を召集すること。
三 衆議院を解散すること。
四 衆議院議員の総選挙及び参議院議員の通常選挙の施行を公示すること。

ならないとの規定を置きましたが、国旗及び国歌を国民が尊重すべきであることは当然のことであり、これによって国民に新たな義務が生ずるものとは考えていません。

（元号について）
さらに、4条に元号の規定を設けました。この規定については、自民党内でも特に異論がありませんでしたが、現在の「元号法」の規定をほぼそのまま採用したものであり、一世一元の制を明定したものです

▼Q7　その他、天皇に関連して、どのような規定を置いたのですか？

答　6条に天皇の行為に関する規定を置きましたが、現行憲法を一部変更している所があります。

（国事行為には内閣の「進言」が必要）
現行憲法では、天皇の国事行為には内閣の「助言と承認」が必要とされていますが、天皇の行為に対して「承認」とは礼を失することから、「進言」という言葉に統一しました（6条4項）。従来の学説でも、「助言と承認」は一体的に行われるものであり、区別されるものではないという説が有力であり、「進言」に一本化したものです。

（天皇の公的行為を明記）
さらに、6条5項に、現行憲法には規定がなかった「天皇の

日本国憲法

七　栄典を授与すること。
八　批准書及び法律の定めるその他の外交文書を認証すること。
九　外国の大使及び公使を接受すること。
十　儀式を行ふこと。

（財産授受の制限）
第八条　皇室に財産を譲り渡し、又は皇室が、財産を譲り受け、若しくは賜与することは、国会の議決に基かなければならない。

自民党改憲草案

五　国務大臣及び法律の定めるその他の国の公務員の任免を認証すること。
六　大赦、特赦、減刑、刑の執行の免除及び復権を認証すること。
七　栄典を授与すること。
八　全権委任状並びに大使及び公使の信任状並びに批准書及び法律の定めるその他の外交文書を認証すること。
九　外国の大使及び公使を接受すること。
十　儀式を行うこと。
3　天皇は、法律の定めるところにより、前二項の行為を委任することができる。
4　天皇の国事に関する全ての行為には、内閣の進言を必要とし、内閣がその責任を負う。ただし、衆議院の解散については、内閣総理大臣の進言による。
5　第一項及び第二項に掲げるもののほか、天皇は、国又は地方自治体その他の公共団体が主催する式典への出席その他の公的な行為を行う。

（摂政）
第七条　皇室典範の定めるところにより摂政を置くときは、摂政は、天皇の名で、その国事に関する行為を行う。
2　第五条及び前条第四項の規定は、摂政について準用する。

（皇室への財産の譲渡等の制限）
第八条　皇室に財産を譲り渡し、又は皇室が財産を譲り受け、若しくは賜与するには、法律で定める場合を除き、国会の承認を経なければならない。

自民党「Q&A」

公的行為」を明記しました。現に、国会の開会式で「おことば」を述べること、国や地方自治体が主催する式典に出席することなど、天皇の行為には公的な性格を持つものがあります。しかし、こうした公的な性格を持つ行為は、現行憲法上何ら位置付けがなされていません。そこで、こうした公的行為について、憲法上明確な規定を設けるべきであると考えました。

一部の政党は、国事行為以外の天皇の行為は違憲であると主張し、天皇の御臨席を仰いで行われる国会の開会式にいまだに出席していません。天皇の公的行為を憲法上明確に規定することにより、こうした議論を結着させることになります。


（国事行為の基本に変更なし）

なお、6条2項では、天皇の国事行為について列記されていますが、規定を分かりやすく若干整理したものの、基本は変えていません。

■第二章　戦争の放棄

（戦争の放棄と戦力及び交戦権の否認）

第九条　①日本国民は、正義と秩序を基調とする国際平和を誠実に希求し、国権の発動たる戦争と、武力による威嚇又は武力の行使は、国際紛争を解決する手段としては、永久にこれを放棄する。

②前項の目的を達するため、陸海空軍その他の戦力は、これを保持しない。国の交戦権は、これを認めない。

●第二章　安全保障

（平和主義）

第九条　日本国民は、正義と秩序を基調とする国際平和を誠実に希求し、国権の発動としての戦争を放棄し、武力による威嚇及び武力の行使は、国際紛争を解決する手段としては用いない。

2　前項の規定は、自衛権の発動を妨げるものではない。

●ここに注意!!②

戦争の放棄を放棄する「草案」

憲法は、第9条はもちろんですが、戦争への反省が人権条項をはじめ憲法のあらゆる条文の土台となっています。ところが、改憲草案にはそれが全くありません。

第二章は憲法では「戦争の放棄」ですが、草案は「安全保障」という題がつけられています。「安全保障」とは「国の領土保全と政治的独立、国民の生命・財産を外部からの攻撃から守ること」であり、「戦争の放棄」ではありません。

そして、草案は第9条の1項の「永久に放棄する」を削除しています。

安保法制＝戦争法は憲法9条の解釈を根本から覆すもので、武力行使を禁じている憲法を破ることになります。

しかし草案の9条2項は「前項の規定は、自衛権の発動を妨げるものではない」と、自分の国を守るためであれば、戦争して良いとしています。（歴史をみれば、権力者はたいてい「国を守る」と言って戦争を始めたのです。戦争違法化の世界の流れに逆行します。）

これまで憲法9条は戦争のブレーキでしたが、草案では戦争へのアクセルの役割を果たすことになります。

▼Q8　「日本国憲法改正草案」では、9条1項の戦争の放棄について、どのように考えているのですか？

答　現行憲法9条1項については、1929年に発効したパリ不戦条約1条を翻案して規定されたものであり、党内議論の中で「もっと分かりやすい表現にすべきである。」という意見もありましたが、日本国憲法の三大原則の一つである平和主義を定めた規定であることから、基本的には変更しないこととしています。

ただし、文章の整理として、「放棄する」は戦争のみに掛け、「国際紛争を解決する手段として」は戦争に至らない「武力による威嚇」及び「武力の行使」にのみに掛ける形としました。19世紀的な宣戦布告をして行われる「戦争」は国際法上既に一般的に「違法」とされていることを踏まえた上で、法文の意味をより明確にするという趣旨から行った整理です。

このような文章の整理を行っても、9条1項の基本的な意味は、従来と変わりません。新たな9条1項で全面的に放棄するとしている「戦争」は、国際法上一般的に「違法」とされているところです。また、「戦争」以外の「武力の行使」や「武力による威嚇」が行われるのは、

①　侵略目的の場合

②　自衛権の行使の場合

③　制裁の場合

の3つの場合に類型化できますが、9条1項で禁止されているのは、飽くまでも「国際紛争を解決する手段として」の武力行使等に限られます。この意味を①の「侵略目的の場合」に限定する解釈は、パリ不戦条約以来確立しているところです。

したがって、9条1項で禁止されるのは「戦争」及び侵略目的による武力行使（上記①）のみであり、自衛権の行使（上記②）や国際機関による制裁措置（上記③）は、禁止されていないものと考えます。

日本国憲法	自民党改憲草案	自民党「Q&A」
〔草案は下記を挿入〕	**（国防軍）** **第九条の二** 我が国の平和と独立並びに国及び国民の安全を確保するため、内閣総理大臣を最高指揮官とする国防軍を保持する。 2 国防軍は、前項の規定による任務を遂行する際は、法律の定めるところにより、国会の承認その他の統制に服する。 3 国防軍は、第一項に規定する任務を遂行するための活動のほか、法律の定めるところにより、国際社会の平和と安全を確保するために国際的に協調して行われる活動及び公の秩序を維持し、又は国民の生命若しくは自由を守るための活動を行うことができる。 4 前二項に定めるもののほか、国防軍の組織、統制及び機密の保持に関する事項は、法律で定める。 5 国防軍に属する軍人その他の公務員がその職務の実施に伴う罪又は国防軍の機密に関する罪を犯した場合の裁判を行うため、法律の定めるところにより、国防軍に審判所を置く。この場合においては、被告人が裁判所へ上訴する権利は、保障されなければならない。	**▼Q9 戦力の不保持や交戦権の否認を定めた現行9条2項を削って、新9条2項で自衛権を明記していますが、どのような議論があったのですか？ また、集団的自衛権については、どう考えていますか？** **答** 今回、新たな9条2項として、「自衛権」の規定を追加していますが、これは、従来の政府解釈によっても認められている、主権国家の自然権（当然持っている権利）としての「自衛権」を明示的に規定したものです。この「自衛権」には、国連憲章が認めている個別的自衛権や集団的自衛権が含まれていることは、言うまでもありません。 また、現在、政府は、集団的自衛権について「保持していても行使できない」という解釈をとっていますが、「行使できない」とすることの根拠は「9条1項・2項の全体」の解釈によるものとされています。このため、その重要な一方の規定である現行2項（「戦力の不保持」等を定めた規定）を削除した上で、新2項で、改めて「前項の規定は、自衛権の発動を妨げるものではない」と規定し、自衛権の行使には、何らの制約もないように規定しました。もっとも、草案では、自衛権の行使について憲法上の制約はなくなりますが、政府が何でもできるわけではなく、法律の根拠が必要です。国家安全保障基本法のような法律を制定して、いかなる場合にどのような要件を満たすときに自衛権が行使できるのか、明確に規定することが必要です。この憲法と法律の役割分担に基づいて、具体的な立法措置がなされていくことになります。
〔草案は下記を挿入〕	**（領土等の保全等）** **第九条の三** 国は、主権と独立を守るため、国民と協力して、領土、領海及び領空を保全し、その資源を確保しなければならない。	**▼Q10 「自衛隊」を「国防軍」に変えたのは、なぜですか？** **答** 日本国憲法改正草案では、9条の2として、「国防軍」の規定を置きました。その1項は、「我が国の平和と独立並びに国及び国民の安全を確保するため、内閣総理大臣を最高指揮官とする国防軍を保持する」と規定しています。世界中を見ても、都市国家のようなものを除き、一定の規模以上の人口を有する国家で軍隊を保持していないのは、日本だけであり、独立国家が、その独立と平和を保ち、国民の安全を確保するため軍隊を保有することは、現代の世界では常識です。

●ここに注意!!③

米国と一緒に戦争するための国防軍の設置

改憲草案では、「我が国の平和と独立並びに国及び国民の安全を確保するため、内閣総理大臣を最高指揮官とする国防軍を保持する」と、「国防軍」設置を位置づけました。「Q&A」のQ10では、「軍隊を保持していないのは日本だけ」として、独立国にふさわしく「国防軍」を設けるとしています。

そして、国防軍は「国際社会の平和と安全を確保するために国際的に協調して行われる活動」を行うとしています。安倍政権は、2014年に集団的自衛権の行使を容認しましたが、米国と一緒に戦争する国として、どんな戦争にも参加する国防軍が必要なのです。

また、草案は、国防軍は「公の秩序を維持し、又は国民の生命若しくは自由を守るための活動を行うことができる」としています。「公の秩序の維持」の活動として、最高指揮官の総理大臣が判断すれば、国民のデモや集会が鎮圧の対象とされる危険性があります。国防軍が守るのは「国」であって、「国民」ではありません。

草案では第1条で天皇の元首化、第3条で国旗・国歌の規定、第4条で元号の制定を定めており、草案全体が「戦争する国」に向かうものであり、極めて危険です。

この軍の名称について、当初の案では、自衛隊との継続性に配慮して「自衛軍」としていましたが、独立国家としてよりふさわしい名称にするべきなど、様々な意見が出され、最終的に多数の意見を勘案して、「国防軍」としました。

国防軍に対する「文民統制」の原則（注）に関しては、①内閣総理大臣を最高指揮官とすること、②その具体的な権限行使は、国会が定める法律の規定によるべきことなどを条文に盛り込んでいるところです。

また、9条の2第3項には、国防軍が行える活動として、次のとおり規定されています。

①我が国の平和と独立並びに国及び国民の安全を確保するための活動（1項に規定されている国防軍保持の本来目的に係る活動です。）

②国際社会の平和と安全を確保するために国際的に協調して行われる活動（これについてはQ11で詳述します。）

③公の秩序を維持し、又は国民の生命若しくは自由を守るための活動（治安維持や邦人救出、国民保護、災害派遣などの活動です。）

（注）文民が、軍人に対して指揮統制権を持つという原則（シビリアン・コントロールの原則）

▼Q11　国防軍は、国際平和活動に参加できるのですか？

答　参加できます。

9条の2第3項において、国防軍は、我が国の平和と独立並びに国及び国民の安全を確保するための任務を遂行する活動のほか、「国際社会の平和と安全を確保するために国際的に協調して行われる活動」を行えることと規定し、国防軍の国際平和活動への参加を可能にしました。その際、国防軍は、軍隊である以上、法律の規定に基づいて、武力を行使することは可能であると考えています。また、集団安全保障における制裁行動についても、同様に可能であると考えています。

▼Q12　国防軍に審判所を置くのは、なぜですか？

答　9条の2第5項に、軍事審判所の規定を置き、軍人等が職務の遂行上犯罪を犯したり、軍の秘密を漏洩したときの処罰について、通常の裁判所ではなく、国防軍に置かれる軍事審判所で裁かれるものとしました。審判所とは、いわゆる軍法会議のことです。

日本国憲法

自民党改憲草案

●ここに注意!!④

基本的人権 「尊重」から「制限」に

（次ページからの第3章について）

戦争中には国民の人権を踏みにじる出来事が多数ありました。そのため憲法では第11条「国民は、すべての基本的人権の享受を妨げられない」をはじめ、多数の人権条項で国民の生活を守っています。

ところが、改憲草案では、再び人権を大きく制限しようとしています。第12条を「国民は、これ（注：基本的人権）を濫用してはならず、自由と及び権利には責任及び義務が伴うことを自覚し、常に公益及び公の秩序に反してはならない」と変え、「公益及び公の秩序」に反していると言えば、基本的人権はすべて規制できるようにと、条件つきとなっています。

また、憲法97条「基本的人権は、人類の多年にわたる自由獲得の努力の成果」、「現在及び将来の国民に対し、侵すことのできない永久の権利」との素晴らしい条文を、草案では削除しています。

まさに、「基本的人権の尊重」から「基本的人権の制限」へと変える草案です。

自民党「Q&A」

軍事上の行為に関する裁判は、軍事機密を保護する必要があり、また、迅速な実施が望まれることに鑑みて、このような審判所の設置を規定しました。具体的なことは法律で定めることになりますが、裁判官や検察、弁護側も、主に軍人の中から選ばれることが想定されます。なお、審判所の審判に対しては、裁判所に上訴することができます。諸外国の軍法会議の例を見ても、原則裁判所へ上訴することができることとされています。この軍事審判を一審制とするのか、二審制とするのかは、立法政策によります。

▼Q13 「領土等の保全等」について規定を置いたのは、なぜですか？
国民はどう協力すればいいのですか？

答 領土は、主権国家の存立の基礎であり、それゆえ国家が領土を守るのは当然のことです。あわせて、単に領土等を守るだけでなく、資源の確保についても、規定しました。

党内議論の中では、「国民の『国を守る義務』について規定すべきではないか。」という意見が多く出されました。しかし、仮にそうした規定を置いたときに「国を守る義務」の具体的な内容として、徴兵制について問われることになるので、憲法上規定を置くことは困難であると考えました。

そこで、前文において「国を自ら守る」と抽象的に規定するとともに、9条の3として、国が「国民と協力して」領土等を守ることを規定したところです。

領土等を守ることは、単に地理的な国土を保全することだけでなく、我が国の主権と独立を守ること、さらには国民一人一人の生命と財産を守ることにもつながるものなのです。

もちろん、この規定は、軍事的な行動を規定しているのではありません。国が、国境離島において、避難港や灯台などの公共施設を整備することも領土・領海等の保全に関わるものですし、海上で資源探査を行うことも、考えられます。

加えて、「国民との協力」に関連して言えば、国境離島において、生産活動を行う民間の行動も、我が国の安全保障に大きく寄与することになります。

■第三章　国民の権利及び義務

（国民たる要件）
第十条　日本国民たる要件は、法律でこれを定める。

（基本的人権）
第十一条　国民は、すべての基本的人権の享有を妨げられない。この憲法が国民に保障する基本的人権は、侵すことのできない永久の権利として、現在及び将来の国民に与へられる。

（自由及び権利の保持義務と公共福祉性）
第十二条　この憲法が国民に保障する自由及び権利は、国民の不断の努力によつて、これを保持しなければならない。又、国民は、これを濫用してはならないのであつて、常に公共の福祉のためにこれを利用する責任を負ふ。

（個人の尊重と公共の福祉）
第十三条　すべて国民は、個人として尊重される。生命、自由及び幸福追求に対する国民の権利については、公共の福祉に反しない限り、立法その他の国政の上で、最大の尊重を必要とする。

（平等原則、貴族制度の否認及び栄典の限界）
第十四条　①すべて国民は、法の下に平等であつて、人種、信条、性別、社会的身分又は門地により、政治的、経済的又は社会的関係において、差別されない。
②華族その他の貴族の制度は、これを認めない。
③栄誉、勲章その他の栄典の授与は、いかなる特権も伴はない。栄典の授与は、現にこれを有し、又は将来これを受ける者の一代

●第三章　国民の権利及び義務

（日本国民）
第十条　日本国民の要件は、法律で定める。

（基本的人権の享有）
第十一条　国民は、全ての基本的人権を享有する。この憲法が国民に保障する基本的人権は、侵すことのできない永久の権利である。

（国民の責務）
第十二条　この憲法が国民に保障する自由及び権利は、国民の不断の努力により、保持されなければならない。国民は、これを濫用してはならず、自由及び権利には責任及び義務が伴うことを自覚し、常に公益及び公の秩序に反してはならない。

（人としての尊重等）
第十三条　全て国民は、人として尊重される。生命、自由及び幸福追求に対する国民の権利については、公益及び公の秩序に反しない限り、立法その他の国政の上で、最大限に尊重されなければならない。

（法の下の平等）
第十四条　全て国民は、法の下に平等であって、人種、信条、性別、障害の有無、社会的身分又は門地により、政治的、経済的又は社会的関係において、差別されない。
2　華族その他の貴族の制度は、認めない。
3　栄誉、勲章その他の栄典の授与は、現にこれを有し、又は将来これを受ける者の一代に限り、その効力を有する。

▼Q14　「日本国憲法改正草案」では、国民の権利義務について、どのような方針で規定したのですか？

答　国民の権利義務については、現行憲法が制定されてからの時代の変化に的確に対応するため、国民の権利の保障を充実していくということを考えました。そのため、新しい人権に関する規定を幾つか設けました。

また、権利は、共同体の歴史、伝統、文化の中で徐々に生成されてきたものです。したがって、人権規定も、我が国の歴史、文化、伝統を踏まえたものであることも必要だと考えます。現行憲法の規定の中には、西欧の天賦人権説に基づいて規定されていると思われるものが散見されることから、こうした規定は改める必要があると考えました。例えば、憲法11条の「基本的人権は、……現在及び将来の国民に与へられる」という規定は、「基本的人権は侵すことのできない永久の権利である」と改めました。

▼Q15　「公共の福祉」を「公益及び公の秩序」に変えたのは、なぜですか？

答　（「公共の福祉」を「公益及び公の秩序」に改めた理由）

従来の「公共の福祉」という表現は、その意味が曖昧で、分かりにくいものです。そのため、学説上は「公共の福祉は、人権相互の衝突の場合に限って、その権利行使を制約するものであって、個々の人権を超えた公益による直接的な権利制約を正当化するものではない」などという解釈が主張されています。しかし、街の美観や性道徳の維持などを人権相互の衝突という点だけで説明するのは困難です。

今回の改正では、このように意味が曖昧である「公共の福祉」という文言を「公益及び公の秩序」と改正することにより、その曖昧さの解消を図るとともに、憲法によって保障される基本的人権の制約は、人権相互の衝突の場合に限られるものではないことを明らかにしたものです。

日本国憲法

に限り、その効力を有する。

（公務員の選定罷免権、公務員の本質、普通選挙の保障及び投票秘密の保障）

第十五条 ①公務員を選定し、及びこれを罷免することは、国民固有の権利である。

②すべて公務員は、全体の奉仕者であつて、一部の奉仕者ではない。

③公務員の選挙については、成年者による普通選挙を保障する。

④すべて選挙における投票の秘密は、これを侵してはならない。選挙人は、その選択に関し公的にも私的にも責任を問はれない。

（請願権）

第十六条 何人も、損害の救済、公務員の罷免、法律、命令又は規則の制定、廃止又は改正その他の事項に関し、平穏に請願する権利を有し、何人も、かかる請願をしたためにいかなる差別待遇も受けない。

（公務員の不法行為による損害の賠償）

第十七条 何人も、公務員の不法行為により損害を受けたときは、法律の定めるところにより、国又は公共団体に、その賠償を求めることができる。

（奴隷的拘束及び苦役の禁止）

第十八条 何人も、いかなる奴隷的拘束も受けない。又、犯罪に因る処罰の場合を除いては、その意に反する苦役に服させられない。

（思想及び良心の自由）

第十九条 思想及び良心の自由は、これを侵してはならない。

自民党改憲草案

（公務員の選定及び罷免に関する権利等）

第十五条 公務員を選定し、及び罷免することは、主権の存する国民の権利である。

2 全て公務員は、全体の奉仕者であって、一部の奉仕者ではない。

3 公務員の選定を選挙により行う場合は、日本国籍を有する成年者による普通選挙の方法による。

4 選挙における投票の秘密は、侵されない。選挙人は、その選択に関し、公的にも私的にも責任を問われない。

（請願をする権利）

第十六条 何人も、損害の救済、公務員の罷免、法律、命令又は規則の制定、廃止又は改正その他の事項に関し、平穏に請願をする権利を有する。

2 請願をした者は、そのためにいかなる差別待遇も受けない

（国等に対する賠償請求権）

第十七条 何人も、公務員の不法行為により損害を受けたときは、法律の定めるところにより、国又は地方自治体その他の公共団体に、その賠償を求めることができる。

（身体の拘束及び苦役からの自由）

第十八条 何人も、その意に反すると否とにかかわらず、社会的又は経済的関係において身体を拘束されない。

2 何人も、犯罪による処罰の場合を除いては、その意に反する苦役に服させられない。

（思想及び良心の自由）

第十九条 思想及び良心の自由は、保障する。

（個人情報の不当取得の禁止等）

自民党「Q&A」

（国際人権規約における人権制約の考え方）

我が国も批准している国際人権規約でも、「国の安全、公の秩序又は公衆の健康若しくは道徳の保護」といった人権制約原理が明示されているところです。また、諸外国の憲法にも、公共の利益や公の秩序の観点から人権が制約され得ることを定めたものが見られます。

（「公の秩序」の意味）

なお、「公の秩序」と規定したのは、「反国家的な行動を取り締まる」ことを意図したものではありません。「公の秩序」とは「社会秩序」のことであり、平穏な社会生活のことを意味します。個人が人権を主張する場合に、人々の社会生活に迷惑を掛けてはならないのは、当然のことです。そのことをより明示的に規定しただけであり、これにより人権が大きく制約されるものではありません。

▼Q16　草案で憲法18条の文言を改めたのはなぜですか？また、このことにより、徴兵制を採ることが可能になるのですか？

答　**（「奴隷的拘束」の表現振りの変更）**

自民党の憲法改正草案では、現行憲法18条前段の「奴隷的拘束も受けない」を「社会的又は経済的関係において身体を拘束されない」（草案18条1項）と改めています。「奴隷的拘束」という表現は、歴史的に奴隷制を採っていた国に由来すると考えられるため、我が国の憲法になじむような、分かりやすい表現で言い換えたものです。

〔草案は下記を挿入〕

（信教の自由）

第二十条 ①信教の自由は、何人に対してもこれを保障する。いかなる宗教団体も、国から特権を受け、又は政治上の権力を行使してはならない。

②何人も、宗教上の行為、祝典、儀式又は行事に参加することを強制されない。

③国及びその機関は、宗教教育その他いかなる宗教的活動もしてはならない。

（集会、結社及び表現の自由と通信秘密の保護）

第二十一条 ①集会、結社及び言論、出版その他一切の表現の自由は、これを保障する。

〔草案は下記を挿入〕

②検閲は、これをしてはならない。通信の秘密は、これを侵してはならない。

〔草案は下記を挿入〕

（居住、移転、職業選択、外国移住及び国籍離脱の自由）

第二十二条 ①何人も、公共の福祉に反しない限り、居住、移転及び職業選択の自由を有する。

②何人も、外国に移住し、又は国籍を離脱する自由を侵されない。

（学問の自由）

第二十三条 学問の自由は、これを保障する。

〔草案は下記を挿入〕

第十九条の二 何人も、個人に関する情報を不当に取得し、保有し、又は利用してはならない。

（信教の自由）

第二十条 信教の自由は、保障する。国は、いかなる宗教団体に対しても、特権を与えてはならない。

2 何人も、宗教上の行為、祝典、儀式又は行事に参加することを強制されない。

3 国及び地方自治体その他の公共団体は、特定の宗教のための教育その他の宗教的活動をしてはならない。ただし、社会的儀礼又は習俗的行為の範囲を超えないものについては、この限りでない。

（表現の自由）

第二十一条 集会、結社及び言論、出版その他一切の表現の自由は、保障する。

2 前項の規定にかかわらず、公益及び公の秩序を害することを目的とした活動を行い、並びにそれを目的として結社をすることは、認められない。

3 検閲は、してはならない。通信の秘密は、侵してはならない。

（国政上の行為に関する説明の責務）

第二十一条の二 国は、国政上の行為につき国民に説明する責務を負う。

（居住、移転及び職業選択の自由等）

第二十二条 何人も、居住、移転及び職業選択の自由を有する。

2 全て国民は、外国に移住し、又は国籍を離脱する自由を有する。

（学問の自由）

第二十三条 学問の自由は、保障する。

（家族、婚姻等に関する基本原則）

第二十四条 家族は、社会の自然かつ基礎的な

「社会的関係」とはカルト宗教団体のようなものを、「経済的関係」とは身売りのようなことを想定しており、こうした不合理な身体拘束が本人の同意があっても認められないことは、現行憲法と同様です。規定の表現が変わったからといって、現行規定の意味が変わるものではありません。

（「その意に反する苦役」については、文言を維持）

現在の政府解釈は、徴兵制を違憲とし、その論拠の一つとして憲法18条を挙げていますが、これは、徴兵制度が、現行憲法18条後段の「その意に反する苦役」に当たると考えているからです。「その意に反する苦役」という文言は、自民党の憲法改正草案でも、そのままの形で維持しています。文言が変わらない以上、現行憲法と意味が変わらないのは当然であり、徴兵制を採る考えはありません。

▼Q17 「新しい人権」について、どのような規定を置いたのですか？

▼Q18 表現の自由を保障した21条に第2項を追加していますが、この条文は表現の自由を大きく制限するのではないですか？

〔紙面の都合上、Q17、Q18の答は、26ページ、29ページに記載してあります。〕

▼Q19 家族に関する規定は、どのように変えたのですか？

答 家族は、社会の極めて重要な存在ですが、昨今、家族の絆

日本国憲法

（家族関係における個人の尊厳と両性の平等）

第二十四条 ①婚姻は、両性の合意のみに基いて成立し、夫婦が同等の権利を有することを基本として、相互の協力により、維持されなければならない。

②配偶者の選択、財産権、相続、住居の選定、離婚並びに婚姻及び家族に関するその他の事項に関しては、法律は、個人の尊厳と両性の本質的平等に立脚して、制定されなければならない。

（生存権及び国民生活の社会的進歩向上に努める国の義務）

第二十五条 ①すべて国民は、健康で文化的な最低限度の生活を営む権利を有する。

②国は、すべての生活部面について、社会福祉、社会保障及び公衆衛生の向上及び増進に努めなければならない。

〔草案は下記を挿入〕

〔草案は下記を挿入〕

〔草案は下記を挿入〕

（教育を受ける権利と受けさせる義務）

第二十六条 ①すべて国民は、法律の定めると

自民党改憲草案

単位として、尊重される。家族は、互いに助け合わなければならない。

2 婚姻は、両性の合意に基いて成立し、夫婦が同等の権利を有することを基本として、相互の協力により、維持されなければならない。

3 家族、扶養、後見、婚姻及び離婚、財産権、相続及び親族に関するその他の事項に関しては、法律は、個人の尊厳と両性の本質的平等に立脚して、制定されなければならない。

（生存権等）

第二十五条 全て国民は、健康で文化的な最低限度の生活を営む権利を有する。

2 国は、国民生活のあらゆる側面において、社会福祉、社会保障及び公衆衛生の向上及び増進に努めなければならない。

（環境保全の責務）

第二十五条の二 国は、国民と協力して、国民が良好な環境を享受することができるようにその保全に努めなければならない。

（在外国民の保護）

第二十五条の三 国は、国外において緊急事態が生じたときは、在外国民の保護に努めなければならない。

（犯罪被害者等への配慮）

第二十五条の四 国は、犯罪被害者及びその家族の人権及び処遇に配慮しなければならない。

（教育に関する権利及び義務等）

第二十六条 全て国民は、法律の定めるところ

自民党「Q&A」

が薄くなってきていると言われています。こうしたことに鑑みて、24条1項に家族の規定を新設し、「家族は、社会の自然かつ基礎的な単位として、尊重される。家族は、互いに助け合わなければならない」と規定しました。なお、前段については、世界人権宣言16条3項も参考にしました。

党内議論では、「親子の扶養義務についても明文の規定を置くべきである。」との意見もありましたが、それは基本的に法律事項であることや、「家族は、互いに助け合わなければならない」という規定を置いたことから、採用しませんでした。

（参考）世界人権宣言16条3項 家族は、社会の自然かつ基礎的な単位であり、社会及び国による保護を受ける権利を有する。

▼Q20 現行24条について、「家族は、互いに助け合わなければならない」という一文が加えられていますが、そもそも家族の形に、国家が介入すること自体が危ういのではないですか？

答 家族は、社会の極めて重要な存在であるにもかかわらず、昨今、家族の絆が薄くなってきていると言われていることに鑑みて、24条1項に家族の規定を置いたものです。個人と家族を対比して考えようとするものでは、全くありません。

また、この規定は、家族の在り方に関する一般論を訓示規定として定めたものであり、家族の形について国が介入しようとするものではありません。

人権保障における家族の重要性は、国際的にも広く受け入れられている観点であり、世界人権宣言16条3項は「家族は、社会の自然かつ基礎的な単位であり、社会及び国による保護を受ける権利を有する」と規定されています。草案の24条1項前段はこれを参考にしたものです。

▼Q17 「新しい人権」について、どのような規定を置いたのですか？

答 現在の憲法が施行（昭和22年5月3日）されてから65年を越え、この間の時代の変化に的確に対応するため、国民の権利保障を一層充実していくことは、望ましいことです。

※ 51 ページ参照

ころにより、その能力に応じて、ひとしく教育を受ける権利を有する。

②すべて国民は、法律の定めるところにより、その保護する子女に普通教育を受けさせる義務を負ふ。義務教育は、これを無償とする。

〔草案は下記を挿入〕

（勤労の権利と義務、勤労条件の基準及び児童酷使の禁止）

第二十七条　①すべて国民は、勤労の権利を有し、義務を負ふ。

②賃金、就業時間、休息その他の勤労条件に関する基準は、法律でこれを定める。

③児童は、これを酷使してはならない。

（勤労者の団結権及び団体行動権）

第二十八条　勤労者の団結する権利及び団体交渉その他の団体行動をする権利は、これを保障する。

〔草案は下記を挿入〕

（財産権）

第二十九条　①財産権は、これを侵してはならない。

②財産権の内容は、公共の福祉に適合するやうに、法律でこれを定める。

③私有財産は、正当な補償の下に、これを公共のために用ひることができる。

により、その能力に応じて、等しく教育を受ける権利を有する。

2　全て国民は、法律の定めるところにより、その保護する子に普通教育を受けさせる義務を負う。義務教育は、無償とする。

3　国は、教育が国の未来を切り拓く上で欠くことのできないものであることに鑑み、教育環境の整備に努めなければならない。

（勤労の権利及び義務等）

第二十七条　全て国民は、勤労の権利を有し、義務を負う。

2　賃金、就業時間、休息その他の勤労条件に関する基準は、法律で定める。

3　何人も、児童を酷使してはならない。

（勤労者の団結権等）

第二十八条　勤労者の団結する権利及び団体交渉その他の団体行動をする権利は、保障する。

2　公務員については、全体の奉仕者であることに鑑み、法律の定めるところにより、前項に規定する権利の全部又は一部を制限することができる。この場合においては、公務員の勤労条件を改善するため、必要な措置が講じられなければならない。

（財産権）

第二十九条　財産権は、保障する。

2　財産権の内容は、公益及び公の秩序に適合するように、法律で定める。この場合において、知的財産権については、国民の知的創造力の向上に資するように配慮しなければならない。

3　私有財産は、正当な補償の下に、公共のために用いることができる。

「法律で保障すればよい」という意見もありますが、憲法に規定を設けることで、法律改正だけでは国民の権利を廃止することができなくなりますので、国民の権利保障はより手厚くなります。

日本国憲法改正草案では、「新しい人権」（国家の保障責務の形で規定されているものを含む。）については、次のようなものを規定しています。

（1）個人情報の不当取得の禁止等（19条の2）

いわゆるプライバシー権の保障に資するため、個人情報の不当取得等を禁止しました。

（2）国政上の行為に関する国による国民への説明の責務（21条の2）

国の情報を、適切に、分かりやすく国民に説明しなければならないという責務を国に負わせ、国民の「知る権利」の保障に資することとしました。

（3）環境保全の責務（25条の2）

国は、国民と協力して、環境の保全に努めなければならないこととしました。

（4）犯罪被害者等への配慮（25条の4）

国は、犯罪被害者及びその家族の人権及び処遇に配慮しなければならないこととしました。

なお、（2）から（4）までは、国を主語とした人権規定としています。これらの人権は、まだ個人の法律上の権利として主張するには熟していないことから、まず国の側の責務として規定することとしました。

▼Q21　教育環境の整備について規定を置いたのは、なぜですか？

答　憲法改正草案では、26条3項に国の教育環境の整備義務に関する規定を新設し、「国は、教育が国の未来を切り拓く上で欠くことのできないものであることに鑑み、教育環境の整備に努めなければならない」と規定しました。

この規定は、国民が充実した教育を受けられることを権利と考え、そのことを国の義務として規定したものです。

具体的には、教育関係の施設整備や私学助成などについて、国が積極的な施策を講ずることを考えています。

▼Q22　公務員の労働基本権の制約について規定を置いたのは、なぜですか？

日本国憲法

（納税の義務）
第三十条　国民は、法律の定めるところにより、納税の義務を負ふ。

（生命及び自由の保障と科刑の制約）
第三十一条　何人も、法律の定める手続によらなければ、その生命若しくは自由を奪はれ、又はその他の刑罰を科せられない。

（裁判を受ける権利）
第三十二条　何人も、裁判所において裁判を受ける権利を奪はれない。

（逮捕の制約）
第三十三条　何人も、現行犯として逮捕される場合を除いては、権限を有する司法官憲が発し、且つ理由となつている犯罪を明示する令状によらなければ、逮捕されない。

（抑留及び拘禁の制約）
第三十四条　何人も、理由を直ちに告げられ、且つ、直ちに弁護人に依頼する権利を与へられなければ、抑留又は拘禁されない。又、何人も、正当な理由がなければ、拘禁されず、要求があれば、その理由は、直ちに本人及びその弁護人の出席する公開の法廷で示されなければならない。

（侵入、捜索及び押収の制約）
第三十五条　①何人も、その住居、書類及び所持品について、侵入、捜索及び押収を受けることのない権利は、第三十三条の場合を除いては、正当な理由に基いて発せられ、且つ捜索する場所及び押収する物を明示する令状がなければ、侵されない。
②捜索又は押収は、権限を有する司法官憲が発する各別の令状により、これを行ふ。

自民党改憲草案

（納税の義務）
第三十条　国民は、法律の定めるところにより、納税の義務を負う。

（適正手続の保障）
第三十一条　何人も、法律の定める適正な手続によらなければ、その生命若しくは自由を奪われ、又はその他の刑罰を科せられない。

（裁判を受ける権利）
第三十二条　何人も、裁判所において裁判を受ける権利を有する。

（逮捕に関する手続の保障）
第三十三条　何人も、現行犯として逮捕される場合を除いては、裁判官が発し、かつ、理由となっている犯罪を明示する令状によらなければ、逮捕されない。

（抑留及び拘禁に関する手続の保障）
第三十四条　何人も、正当な理由がなく、若しくは理由を直ちに告げられることなく、又は直ちに弁護人に依頼する権利を与えられることなく、抑留され、又は拘禁されない。
2　拘禁された者は、拘禁の理由を直ちに本人及びその弁護人の出席する公開の法廷で示すことを求める権利を有する。

（住居等の不可侵）
第三十五条　何人も、正当な理由に基づいて発せられ、かつ、捜索する場所及び押収する物を明示する令状によらなければ、住居その他の場所、書類及び所持品について、侵入、捜索又は押収を受けない。ただし、第三十三条の規定により逮捕される場合は、この限りでない。
2　前項本文の規定による捜索又は押収は、裁判官が発する各別の令状によって行う。

自民党「Q&A」

答　憲法改正草案では、28条2項に公務員に関する労働基本権の制限の規定を新設し、「公務員については、全体の奉仕者であることに鑑み、法律の定めるところにより、前項に規定する権利の全部又は一部を制限することができる。この場合においては、公務員の勤労条件を改善するため、必要な措置が講じられなければならない。」と規定しました。
　現行憲法下でも、人事院勧告などの代償措置を条件に、公務員の労働基本権は制限されていることから、そのことについて明文の規定を置いたものです。

▼Q23　その他、国民の権利義務に関して、どのような規定を置いたのですか？

答　国民の権利義務に関しては、これまでに述べたもののほか、次のような規定を置いています。
（1）国等による宗教的活動の禁止規定の明確化（20条3項）
　国や地方自治体等による宗教教育の禁止については、特定の宗教の教育が禁止されるものであり、一般教養としての宗教教育を含むものではないという解釈が通説です。そのことを条文上明確にするため、「特定の宗教のための教育」という文言に改めました。
　さらに、最高裁判例を参考にして後段を加え、「社会的儀礼又は習俗的行為の範囲を超えないもの」については、国や地方自治体による宗教的活動の禁止の対象から外しました。これにより、地鎮祭に当たって公費から玉串料を支出するなどの問題が現実に解決されます。
（2）在外国民の保護（25条の3）
　グローバル化が進んだ現在、海外にいる日本人の安全を国が担保する責務を憲法に書き込むべきであるとの観点から、規定を置きました。
（3）知的財産権（29条2項）
　29条2項後段に、「知的財産権については、国民の知的創造力の向上に資するように配慮しなければならない」と規定しました。特許権等の保護が過剰になり、かえって経済活動の過度

（拷問及び残虐な刑罰の禁止）
第三十六条　公務員による拷問及び残虐な刑罰は、絶対にこれを禁ずる。

（刑事被告人の権利）
第三十七条　①すべて刑事事件においては、被告人は、公平な裁判所の迅速な公開裁判を受ける権利を有する。
②刑事被告人は、すべての証人に対して審問する機会を充分に与へられ、又、公費で自己のために強制的手続により証人を求める権利を有する。
③刑事被告人は、いかなる場合にも、資格を有する弁護人を依頼することができる。被告人が自らこれを依頼することができないときは、国でこれを附する。

（自白強要の禁止と自白の証拠能力の限界）
第三十八条　①何人も、自己に不利益な供述を強要されない。
②強制、拷問若しくは脅迫による自白又は不当に長く抑留若しくは拘禁された後の自白は、これを証拠とすることができない。
③何人も、自己に不利益な唯一の証拠が本人の自白である場合には、有罪とされ、又は刑罰を科せられない。

（遡及処罰、二重処罰等の禁止）
第三十九条　何人も、実行の時に適法であつた行為又は既に無罪とされた行為については、刑事上の責任を問はれない。又、同一の犯罪について、重ねて刑事上の責任を問はれない。

（刑事補償）
第四十条　何人も、抑留又は拘禁された後、無罪の裁判を受けたときは、法律の定めるところにより、国にその補償を求めることができる。

（拷問及び残虐な刑罰の禁止）
第三十六条　公務員による拷問及び残虐な刑罰は、禁止する。

（刑事被告人の権利）
第三十七条　全て刑事事件においては、被告人は、公平な裁判所の迅速な公開裁判を受ける権利を有する。
2　被告人は、全ての証人に対して審問する機会を十分に与えられる権利及び公費で自己のために強制的手続により証人を求める権利を有する。
3　被告人は、いかなる場合にも、資格を有する弁護人を依頼することができる。被告人が自らこれを依頼することができないときは、国でこれを付する。

（刑事事件における自白等）
第三十八条　何人も、自己に不利益な供述を強要されない。
2　拷問、脅迫その他の強制による自白又は不当に長く抑留され、若しくは拘禁された後の自白は、証拠とすることができない。
3　何人も、自己に不利益な唯一の証拠が本人の自白である場合には、有罪とされない。

（遡及処罰等の禁止）
第三十九条　何人も、実行の時に違法ではなかった行為又は既に無罪とされた行為については、刑事上の責任を問われない。同一の犯罪については、重ねて刑事上の責任を問われない。

（刑事補償を求める権利）
第四十条　何人も、抑留され、又は拘禁された後、裁判の結果無罪となったときは、法律の定めるところにより、国にその補償を求めることができる。

の妨げにならないよう配慮することとしたものです。

※公益及び公の秩序を害することを目的とした活動等の規制（21条2項）については、Q18を参照。

▼Q18　表現の自由を保障した21条に第2項を追加していますが、この条文は表現の自由を大きく制限するのではないですか？

答　自民党の憲法改正草案では集会、結社及び言論、出版その他表現の自由について、公益及び公の秩序を害することを目的とした活動及びそれを目的とした結社を禁止する規定を設けました。

これは、オウム真理教に対して破壊活動防止法が適用できなかったことの反省などを踏まえ、公益や公の秩序を害する活動やそれを目的とした結社を認めないことにしたのです。内心の自由はどこまでも自由ですが、それを社会的に表現する段階になれば、一定の制限を受けるのは当然です。

21条2項では、他の箇所の「公益や公の秩序に反する」という表現と異なり、「公益や公の秩序を害することを目的とした」という表現を用いて、表現の自由を制限できる範囲を厳しく限定しているところです。

かつ、その禁止する対象を「活動」と「結社」に限っています。「活動」とは、公益や公の秩序を害する直接的な行動を意味し、これが禁じられることは、極めて当然のことと考えます。また、そういう活動を行うことを目的として結社することを禁ずるのも、同様に当然のことと考えます。

したがって、この規定をもって、公益や公の秩序を害する直接的な行動及びそれを目的とした結社以外の表現の自由が制限されるわけではありません。

いずれにしても、この規定に伴って、どのような活動や結社が制限されるかについては、具体的な法律によって規定されるものであって、憲法の規定から直接制限されるものではありません。

日本国憲法

■第四章　国会

（国会の地位）
第四十一条　国会は、国権の最高機関であつて、国の唯一の立法機関である。

（二院制）
第四十二条　国会は、衆議院及び参議院の両議院でこれを構成する。

（両議院の組織）
第四十三条　①両議院は、全国民を代表する選挙された議員でこれを組織する。
②両議院の議員の定数は、法律でこれを定める。

（議員及び選挙人の資格）
第四十四条　両議院の議員及びその選挙人の資格は、法律でこれを定める。但し、人種、信条、性別、社会的身分、門地、教育、財産又は収入によつて差別してはならない。

（衆議院議員の任期）
第四十五条　衆議院議員の任期は、四年とする。但し、衆議院解散の場合には、その期間満了前に終了する。

（参議院議員の任期）
第四十六条　参議院議員の任期は、六年とし、三年ごとに議員の半数を改選する。

（議員の選挙）
第四十七条　選挙区、投票の方法その他両議院の議員の選挙に関する事項は、法律でこれを定める。

自民党改憲草案

●第四章　国会

（国会と立法権）
第四十一条　国会は、国権の最高機関であって、国の唯一の立法機関である。

（両議院）
第四十二条　国会は、衆議院及び参議院の両議院で構成する。

（両議院の組織）
第四十三条　両議院は、全国民を代表する選挙された議員で組織する。
2　両議院の議員の定数は、法律で定める。

（議員及び選挙人の資格）
第四十四条　両議院の議員及びその選挙人の資格は、法律で定める。この場合においては、人種、信条、性別、障害の有無、社会的身分、門地、教育、財産又は収入によって差別してはならない。

（衆議院議員の任期）
第四十五条　衆議院議員の任期は、四年とする。ただし、衆議院が解散された場合には、その期間満了前に終了する。

（参議院議員の任期）
第四十六条　参議院議員の任期は、六年とし、三年ごとに議員の半数を改選する。

（選挙に関する事項）
第四十七条　選挙区、投票の方法その他両議院の議員の選挙に関する事項は、法律で定める。この場合においては、各選挙区は、人口を基本とし、行政区画、地勢等を総合的に勘案して定めなければならない。

自民党「Q&A」

▼Q24　一院制を採用すべきとの議論は、なかったのですか？

答　一院制を採用すべきか否かは、今回の草案の作成過程で最も大きな議論のあったテーマであり、党内論議では、「一院制を採用すべき」との意見が多く出されたところです。

しかしながら、今回の草案は、サンフランシスコ平和条約発効60周年を機に、自主憲法に値する憲法草案を策定することを目的に、飽くまでも、平成17年の「新憲法草案」を土台として、その見直しを行うものです。一院制の導入の具体化には、詳細な制度設計を踏まえた慎重な議論が必要ですが、今回の作業の中でそれを行うのは困難であり、党内での合意形成の手続がなお必要と考えました。

このため、今回の草案では、平成17年の「新憲法草案」を引き継ぎ、二院制を維持していますが、今後、二院制の在り方を検討する中で、一院制についても検討することとしました。

［Q25は33ページに掲載します。］

▼Q26　国会議員の選挙制度に関する規定を変えたのは、なぜですか？

答　47条（選挙に関する事項）に後段を設け、「この場合においては、各選挙区は、人口を基本とし、行政区画、地勢等を総合的に勘案して定めなければならない」と、規定しました。これは最近、一票の格差について違憲状態にあるとの最高裁判所の判決が続いていることに鑑み、選挙区は、単に人口のみによって決められるものではないことを、明示したものです。ただし、この規定も飽くまで「人口を基本と」することとし、一

（両議院議員相互兼職の禁止）

第四十八条　何人も、同時に両議院の議員たることはできない。

（議員の歳費）

第四十九条　両議院の議員は、法律の定めるところにより、国庫から相当額の歳費を受ける。

（議員の不逮捕特権）

第五十条　両議院の議員は、法律の定める場合を除いては、国会の会期中逮捕されず、会期前に逮捕された議員は、その議院の要求があれば、会期中これを釈放しなければならない。

（議員の発言表決の無答責）

第五十一条　両議院の議員は、議院で行つた演説、討論又は表決について、院外で責任を問はれない。

（常会）

第五十二条　国会の常会は、毎年一回これを召集する。

〔草案は下記を挿入〕

（臨時会）

第五十三条　内閣は、国会の臨時会の召集を決定することができる。いづれかの議院の総議員の四分の一以上の要求があれば、内閣は、その召集を決定しなければならない。

〔草案は下記を挿入〕

（総選挙、特別会及び緊急集会）

第五十四条　①衆議院が解散されたときは、解散の日から四十日以内に、衆議院議員の総選挙を行ひ、その選挙の日から三十日以内に、国会を召集しなければならない。
②衆議院が解散されたときは、参議院は、同

（両議院議員兼務の禁止）
第四十八条　何人も、同時に両議院の議員となることはできない。
（議員の歳費）
第四十九条　両議院の議員は、法律の定めるところにより、国庫から相当額の歳費を受ける。
（議員の不逮捕特権）
第五十条　両議院の議員は、法律の定める場合を除いては、国会の会期中逮捕されず、会期前に逮捕された議員は、その議院の要求があるときは、会期中釈放しなければならない。
（議員の免責特権）
第五十一条　両議院の議員は、議院で行った演説、討論又は表決について、院外で責任を問われない。
（通常国会）
第五十二条　通常国会は、毎年一回召集される。
2　通常国会の会期は、法律で定める。
（臨時国会）
第五十三条　内閣は、臨時国会の召集を決定することができる。いずれかの議院の総議員の四分の一以上の要求があったときは、要求があった日から二十日以内に臨時国会が召集されなければならない。
（衆議院の解散と衆議院議員の総選挙、特別国会及び参議院の緊急集会）
第五十四条　衆議院の解散は、内閣総理大臣が決定する。
2　衆議院が解散されたときは、解散の日から四十日以内に、衆議院議員の総選挙を行い、その選挙の日から三十日以内に、特別国会が召集されなければならない。
3　衆議院が解散されたときは、参議院は、同

票の格差の是正をする必要がないとしたものではありません。選挙区を置けば必ず格差は生ずるので、それには一定の許容範囲があることを念のため規定したに過ぎません。

なお、この規定は、衆議院議員選挙区画定審議会設置法3条の規定を参考にして加えたものであり、現行法制を踏まえたものです。

（参考）衆議院議員選挙区画定審議会設置法
第3条　前条の規定による改定案の作成は、各選挙区の人口の均衡を図り、各選挙区の人口（官報で公示された最近の国勢調査又はこれに準ずる全国的な人口調査の結果による人口をいう。以下同じ。）のうち、その最も多いものを最も少ないもので除して得た数が2以上とならないようにすることを基本とし、行政区画、地勢、交通等の事情を総合的に考慮して合理的に行わなければならない。

日本国憲法

時に閉会となる。但し、内閣は、国に緊急の必要があるときは、参議院の緊急集会を求めることができる。

③前項但書の緊急集会において採られた措置は、臨時のものであつて、次の国会開会の後十日以内に、衆議院の同意がない場合には、その効力を失ふ。

（資格争訟）

第五十五条 両議院は、各々その議員の資格に関する争訟を裁判する。但し、議員の議席を失はせるには、出席議員の三分の二以上の多数による議決を必要とする。

（議事の定足数と過半数議決）

第五十六条 ①両議院は、各々その総議員の三分の一以上の出席がなければ、議事を開き議決することができない。

②両議院の議事は、この憲法に特別の定のある場合を除いては、出席議員の過半数でこれを決し、可否同数のときは、議長の決するところによる。

（会議の公開と会議録）

第五十七条 ①両議院の会議は、公開とする。但し、出席議員の三分の二以上の多数で議決したときは、秘密会を開くことができる。

②両議院は、各々その会議の記録を保存し、秘密会の記録の中で特に秘密を要すると認められるもの以外は、これを公表し、且つ一般に頒布しなければならない。

③出席議員の五分の一以上の要求があれば、各議員の表決は、これを会議録に記載しなければならない。

自民党改憲草案

時に閉会となる。ただし、内閣は、国に緊急の必要があるときは、参議院の緊急集会を求めることができる。

4 前項ただし書の緊急集会において採られた措置は、臨時のものであって、次の国会開会の後十日以内に、衆議院の同意がない場合には、その効力を失う。

（議員の資格審査）

第五十五条 両議院は、各々その議員の資格に関し争いがあるときは、これについて審査し、議決する。ただし、議員の議席を失わせるには、出席議員の三分の二以上の多数による議決を必要とする。

（表決及び定足数）

第五十六条 両議院の議事は、この憲法に特別の定めのある場合を除いては、出席議員の過半数で決し、可否同数のときは、議長の決するところによる。

2 両議院の議決は、各々その総議員の三分の一以上の出席がなければすることができない。

（会議及び会議録の公開等）

第五十七条 両議院の会議は、公開しなければならない。ただし、出席議員の三分の二以上の多数で議決したときは、秘密会を開くことができる。

2 両議院は、各々その会議の記録を保存し、秘密会の記録の中で特に秘密を要すると認められるものを除き、これを公表し、かつ、一般に頒布しなければならない。

3 出席議員の五分の一以上の要求があるときは、各議員の表決を会議録に記載しなければならない。

自民党「Q&A」

（役員の選任及び議院の自律権）

第五十八条 ①両議院は、各々その議長その他の役員を選任する。

②両議院は、各々その会議その他の手続及び内部の規律に関する規則を定め、又、院内の秩序をみだした議員を懲罰することができる。但し、議員を除名するには、出席議員の三分の二以上の多数による議決を必要とする。

（法律の成立）

第五十九条 ①法律案は、この憲法に特別の定のある場合を除いては、両議院で可決したとき法律となる。

②衆議院で可決し、参議院でこれと異なつた議決をした法律案は、衆議院で出席議員の三分の二以上の多数で再び可決したときは、法律となる。

③前項の規定は、法律の定めるところにより、衆議院が、両議院の協議会を開くことを求めることを妨げない。

④参議院が、衆議院の可決した法律案を受け取つた後、国会休会中の期間を除いて六十日以内に、議決しないときは、衆議院は、参議院がその法律案を否決したものとみなすことができる。

（衆議院の予算先議権及び予算の議決）

第六十条 ①予算は、さきに衆議院に提出しなければならない。

②予算について、参議院で衆議院と異なつた議決をした場合に、法律の定めるところにより、両議院の協議会を開いても意見が一致しないとき、又は参議院が、衆議院の可決した予算を受け取つた後、国会休会中の期間を除いて三十日以内に、議決しないときは、衆議院の議決を国会の議決とする。

（役員の選任並びに議院規則及び懲罰）

第五十八条 両議院は、各々その議長その他の役員を選任する。

2 両議院は、各々その会議その他の手続及び内部の規律に関する規則を定め、並びに院内の秩序を乱した議員を懲罰することができる。ただし、議員を除名するには、出席議員の三分の二以上の多数による議決を必要とする。

（法律案の議決及び衆議院の優越）

第五十九条 法律案は、この憲法に特別の定めのある場合を除いては、両議院で可決したとき法律となる。

2 衆議院で可決し、参議院でこれと異なった議決をした法律案は、衆議院で出席議員の三分の二以上の多数で再び可決したときは、法律となる。

3 前項の規定は、法律の定めるところにより、衆議院が両議院の協議会を開くことを求めることを妨げない。

4 参議院が、衆議院の可決した法律案を受け取った後、国会休会中の期間を除いて六十日以内に、議決しないときは、衆議院は、参議院がその法律案を否決したものとみなすことができる。

（予算案の議決等に関する衆議院の優越）

第六十条 予算案は、先に衆議院に提出しなければならない。

2 予算案について、参議院で衆議院と異なった議決をした場合において、法律の定めるところにより、両議院の協議会を開いても意見が一致しないとき、又は参議院が、衆議院の可決した予算案を受け取った後、国会休会中の期間を除いて三十日以内に、議決しないときは、衆議院の議決を国会の議決とする。

▼Q25 衆議院で法律案を再議決するのに必要な「3分の2」を緩和すべきとの議論は、なかったのですか？

答 59条2項では、参議院で否決された法律案を衆議院で再議決する場合には、出席議員の「3分の2」以上の賛成が必要としています。この再議決の要件を緩和するべきかどうか党内で議論がありましたが、最終的には変更しませんでした。

議論の中では、「3分の2以上の賛成から引き下げて、ねじれ現象ができるだけ起きないようにすべきではないか。」という意見や、要件を「過半数とする。」という意見もありました。他方で、それでは「参議院の存在を否定するものだ。」という意見も多くありました。間を取って10分の6とする意見もありましたが、法令上議決権の規定で10分の6というのも前例がなく、この部分の変更はしませんでした。

▼Q27 その他、国会に関して、どのような規定を置いたのですか？

答 **（44条 議員及び選挙人の資格）**

44条は、両議院の議員及びその選挙人の資格に関する規定です。今回の草案では、14条の法の下の平等の規定に合わせて、差別の禁止項目に、「障害の有無」を加えました。

（52条 通常国会・53条 臨時国会）

52条は、通常国会についての規定です。今回の草案では、同条に2項を設け、通常国会の会期を「法律で定める」と規定しました。会期の延長については、特に規定を置きませんでしたが、これも法律委任の中に含まれると解しています。

53条は、臨時国会についての規定です。現行憲法では、いずれかの議院の総議員の4分の1以上の要求があれば、内閣はそ

日本国憲法

（条約締結の承認）

第六十一条 条約の締結に必要な国会の承認については、前条第二項の規定を準用する。

（議院の国政調査権）

第六十二条 両議院は、各々国政に関する調査を行ひ、これに関して、証人の出頭及び証言並びに記録の提出を要求することができる。

（国務大臣の出席）

第六十三条 内閣総理大臣その他の国務大臣は、両議院の一に議席を有すると有しないとにかかはらず、何時でも議案について発言するため議院に出席することができる。又、答弁又は説明のため出席を求められたときは、出席しなければならない。

（弾劾裁判所）

第六十四条 ①国会は、罷免の訴追を受けた裁判官を裁判するため、両議院の議員で組織する弾劾裁判所を設ける。

②弾劾に関する事項は、法律でこれを定める。

〔草案は下記を挿入〕

自民党改憲草案

（条約の承認に関する衆議院の優越）

第六十一条 条約の締結に必要な国会の承認については、前条第二項の規定を準用する。

（議院の国政調査権）

第六十二条 両議院は、各々国政に関する調査を行い、これに関して、証人の出頭及び証言並びに記録の提出を要求することができる。

（内閣総理大臣等の議院出席の権利及び義務）

第六十三条 内閣総理大臣及びその他の国務大臣は、議案について発言するため両議院に出席することができる。

2 内閣総理大臣及びその他の国務大臣は、答弁又は説明のため議院から出席を求められたときは、出席しなければならない。ただし、職務の遂行上特に必要がある場合は、この限りでない。

（弾劾裁判所）

第六十四条 国会は、罷免の訴追を受けた裁判官を裁判するため、両議院の議員で組織する弾劾裁判所を設ける。

2 弾劾に関する事項は、法律で定める。

（政党）

第六十四条の二 国は、政党が議会制民主主義に不可欠の存在であることに鑑み、その活動の公正の確保及びその健全な発展に努めなければならない。

2 政党の政治活動の自由は、保障する。

3 前二項に定めるもののほか、政党に関する事項は、法律で定める

自民党「Q&A」

の召集を決定しなければならないことになっていますが、臨時国会の召集期限については規定がなかったので、今回の草案では、「要求があった日から20日以内に臨時国会が召集されなければならない」と、規定しました。党内議論の中では、「少数会派の乱用が心配ではないか」との意見もありましたが、「臨時国会の召集要求権を少数者の権利として定めた以上、きちんと召集されるのは当然である」という意見が、大勢でした。

（56条　表決及び定足数）

現行憲法56条1項は、両議院の本会議の定足数についての規定で、「両議院は、各々その総議員の3分の1以上の出席がなければ、議事を開き議決することができない」とされています。今回の草案では、この定足数を議決だけの要件とするため、56条2項で、「両議院の議決は、各々その総議員の3分の1以上の出席がなければすることができない」と規定しました。

（63条　内閣総理大臣等の議院出席の権利及び義務）

現行憲法63条の後段で定められている、内閣総理大臣等の議院出席の義務を、同条2項として規定し、「内閣総理大臣及びその他の国務大臣は、答弁又は説明のため議院から出席を求められたときは、出席しなければならない。ただし、職務の遂行上特に必要がある場合は、この限りでない。」としました。

このただし書は、出席義務の例外を定めたもので、現行憲法にはない規定です。特に外務大臣などは重要な外交日程があることが多く、国会に拘束されることで国益が損なわれないようにするという配慮から置いたものです。

（64条の2　政党）

政党については、現行憲法に規定がなく、政党法も存在せず、法的根拠がないので、政治団体の一つとして整理されてきましたが、政党は現代の議会制民主主義にとって不可欠な要素となっていることから、憲法上位置付けたものです。

憲法にこうした規定を置くことにより、政党助成や政党法制定の根拠になると考えます。政党法の制定に当たっては、党内民主主義の確立、収支の公開などが焦点になるものと考えられます。

〔Q28は36ページに掲載してあります。〕

■第五章　内閣

（行政権の帰属）
第六十五条　行政権は、内閣に属する。

（内閣の組織と責任）
第六十六条　①内閣は、法律の定めるところにより、その首長たる内閣総理大臣及びその他の国務大臣でこれを組織する。
②内閣総理大臣その他の国務大臣は、文民でなければならない。
③内閣は、行政権の行使について、国会に対し連帯して責任を負ふ。

（内閣総理大臣の指名）
第六十七条　①内閣総理大臣は、国会議員の中から国会の議決で、これを指名する。この指名は、他のすべての案件に先だつて、これを行ふ。
②衆議院と参議院とが異なつた指名の議決をした場合に、法律の定めるところにより、両議院の協議会を開いても意見が一致しないとき、又は衆議院が指名の議決をした後、国会休会中の期間を除いて十日以内に、参議院が、指名の議決をしないときは、衆議院の議決を国会の議決とする。

（国務大臣の任免）
第六十八条　①内閣総理大臣は、国務大臣を任命する。但し、その過半数は、国会議員の中から選ばれなければならない。
②内閣総理大臣は、任意に国務大臣を罷免することができる。

（不信任決議と解散又は総辞職）
第六十九条　内閣は、衆議院で不信任の決議案を可決し、又は信任の決議案を否決したと

●第五章　内閣

（内閣と行政権）
第六十五条　行政権は、この憲法に特別の定めのある場合を除き、内閣に属する。

（内閣の構成及び国会に対する責任）
第六十六条　内閣は、法律の定めるところにより、その首長である内閣総理大臣及びその他の国務大臣で構成する。
2　内閣総理大臣及び全ての国務大臣は、現役の軍人であってはならない。
3　内閣は、行政権の行使について、国会に対し連帯して責任を負う。

（内閣総理大臣の指名及び衆議院の優越）
第六十七条　内閣総理大臣は、国会議員の中から国会が指名する。
2　国会は、他の全ての案件に先立って、内閣総理大臣の指名を行わなければならない。
3　衆議院と参議院とが異なった指名をした場合において、法律の定めるところにより、両議院の協議会を開いても意見が一致しないとき、又は衆議院が指名をした後、国会休会中の期間を除いて十日以内に、参議院が指名をしないときは、衆議院の指名を国会の指名とする。

（国務大臣の任免）
第六十八条　内閣総理大臣は、国務大臣を任命する。この場合においては、その過半数は、国会議員の中から任命しなければならない。
2　内閣総理大臣は、任意に国務大臣を罷免することができる。

（内閣の不信任と総辞職）
第六十九条　内閣は、衆議院が不信任の決議案を可決し、又は信任の決議案を否決したと

▼Q29　草案65条の「この憲法に特別の定めのある場合を除き」とは、何を指しているのですか？

答　草案65条で「この憲法に特別の定めのある場合を除き」としたのは、草案において、内閣総理大臣の「専権事項」として、次に掲げる3つの権限を設けたことに伴うものです。
①　行政各部の指揮監督・総合調整権（72条1項）
②　国防軍の最高指揮権（9条の2第1項、72条3項）
③　衆議院の解散の決定権（54条1項）
以上の3つの権限は、総理一人に属する権限であり、行政権が合議体としての内閣に属することの例外となるものです。

なお、現行憲法下においても、例えば次のような権限などは、広い意味での「行政作用」に含まれる権限ではありますが、憲法上、明文規定をもって内閣以外の機関が行うこととされており、これについても、本条の「この憲法に特別の定めのある場合」に該当することになります。
④　会計検査院による決算についての検査（90条1項）
⑤　地方自治体の地方行政に係る権限（第8章・地方自治）

▼Q30　内閣総理大臣の職務の臨時代行の規定を置いたのは、なぜですか？

答　内閣総理大臣は、内閣の最高責任者として重大な権限を有し、今回の草案で、その権限を更に強化しています。

そのような内閣総理大臣に不慮の事態が生じた場合に、「内閣総理大臣が欠けたとき」に該当するか否かを誰が判断して、内閣総辞職を決定するための閣議を誰が主宰するのか、ということが、現行憲法では規定が整備されていません。

しかし、それでは危機管理上も問題があるのではないか、指

日本国憲法

きは、十日以内に衆議院が解散されない限り、総辞職をしなければならない。

（内閣総理大臣の欠缺又は総選挙施行による総辞職）

第七十条 内閣総理大臣が欠けたとき、又は衆議院議員総選挙の後に初めて国会の召集があつたときは、内閣は、総辞職をしなければならない。

〔草案は下記を挿入〕

（総辞職後の職務続行）

第七十一条 前二条の場合には、内閣は、あらたに内閣総理大臣が任命されるまで引き続きその職務を行ふ。

〔草案は下記を挿入〕

（内閣総理大臣の職務権限）

第七十二条 内閣総理大臣は、内閣を代表して議案を国会に提出し、一般国務及び外交関係について国会に報告し、並びに行政各部を指揮監督する。

〔草案は下記を挿入〕

自民党改憲草案

きは、十日以内に衆議院が解散されない限り、総辞職をしなければならない。

（内閣総理大臣が欠けたとき等の内閣の総辞職等）

第七十条 内閣総理大臣が欠けたとき、又は衆議院議員の総選挙の後に初めて国会の召集があったときは、内閣は、総辞職をしなければならない。

2 内閣総理大臣が欠けたとき、その他これに準ずる場合として法律で定めるときは、内閣総理大臣があらかじめ指定した国務大臣が、臨時に、その職務を行う。

（総辞職後の内閣）

第七十一条 前二条の場合には、内閣は、新たに内閣総理大臣が任命されるまでの間は、引き続き、その職務を行う。

（内閣総理大臣の職務）

第七十二条 内閣総理大臣は、行政各部を指揮監督し、その総合調整を行う。

2 内閣総理大臣は、内閣を代表して、議案を国会に提出し、並びに一般国務及び外交関係について国会に報告する。

3 内閣総理大臣は、最高指揮官として、国防軍を統括する。

自民党「Q&A」

定を受けた国務大臣が内閣総理大臣の職務を臨時代行する根拠は、やはり憲法上規定すべきではないか、との観点から、今回の草案の70条2項では、明文で「内閣総理大臣が欠けたとき、その他これに準ずる場合として法律で定めるときは、内閣総理大臣があらかじめ指定した国務大臣が、臨時に、その職務を行う」と規定しました。

「内閣総理大臣が欠けたとき」とは、典型的には内閣総理大臣が死亡した場合、あるいは国会議員の資格を失ったときなどをいいます。「その他これに準ずる場合として法律で定めるとき」とは、具体的には、意識不明になったときや事故などに遭遇し生存が不明になったときなど、現職に復帰することがあり得るが、総理としての職務を一時的に全うできないような場合を想定しています。

▼Q28 内閣総理大臣の権限を強化したということですが、具体的には、どのような規定を置いたのですか？

答 現行憲法では、行政権は、内閣総理大臣その他の国務大臣で組織する「内閣」に属するとされています。内閣総理大臣は、内閣の首長であり、国務大臣の任免権などを持っていますが、そのリーダーシップをより発揮できるよう、今回の草案では、内閣総理大臣が、内閣（閣議）に諮らないでも、自分一人で決定できる「専権事項」を、以下のとおり、３つ設けました。

①　行政各部の指揮監督・総合調整権
②　国防軍の最高指揮権
③　衆議院の解散の決定権

（１）行政各部の指揮監督・総合調整権

現行憲法及び内閣法では、内閣総理大臣は、全て閣議にかけた方針に基づかなければ行政各部を指揮監督できないことになっていますが、今回の草案では、内閣総理大臣が単独で（閣議にかけなくても）、行政各部の指揮監督、総合調整ができると規定したところです。

（内閣の職務権限）
第七十三条　内閣は、他の一般行政事務の外、左の事務を行ふ。
一　法律を誠実に執行し、国務を総理すること。
二　外交関係を処理すること。
三　条約を締結すること。但し、事前に、時宜によつては事後に、国会の承認を経ることを必要とする。
四　法律の定める基準に従ひ、官吏に関する事務を掌理すること。
五　予算を作成して国会に提出すること。
六　この憲法及び法律の規定を実施するために、政令を制定すること。但し、政令には、特にその法律の委任がある場合を除いては、罰則を設けることができない。
七　大赦、特赦、減刑、刑の執行の免除及び復権を決定すること。

（法律及び政令への署名と連署）
第七十四条　法律及び政令には、すべて主任の国務大臣が署名し、内閣総理大臣が連署することを必要とする。

（国務大臣訴追の制約）
第七十五条　国務大臣は、その在任中、内閣総理大臣の同意がなければ、訴追されない。但し、これがため、訴追の権利は、害されない。

（内閣の職務）
第七十三条　内閣は、他の一般行政事務のほか、次に掲げる事務を行う。
一　法律を誠実に執行し、国務を総理すること。
二　外交関係を処理すること。
三　条約を締結すること。ただし、事前に、やむを得ない場合は事後に、国会の承認を経ることを必要とする。
四　法律の定める基準に従い、国の公務員に関する事務をつかさどること。
五　予算案及び法律案を作成して国会に提出すること。
六　法律の規定に基づき、政令を制定すること。ただし、政令には、特にその法律の委任がある場合を除いては、義務を課し、又は権利を制限する規定を設けることができない。
七　大赦、特赦、減刑、刑の執行の免除及び復権を決定すること。

（法律及び政令への署名）
第七十四条　法律及び政令には、全て主任の国務大臣が署名し、内閣総理大臣が連署することを必要とする。

（国務大臣の不訴追特権）
第七十五条　国務大臣は、その在任中、内閣総理大臣の同意がなければ、公訴を提起されない。ただし、国務大臣でなくなった後に、公訴を提起することを妨げない。

（２）国防軍の最高指揮権
72条3項で、「内閣総理大臣は、最高指揮官として、国防軍を統括する」と規定しました。内閣総理大臣が国防軍の最高指揮官であることは9条の2第1項にも規定しましたが、内閣総理大臣の職務としてこの条でも再整理したものです。内閣総理大臣は最高指揮官ですから、国防軍を動かす最終的な決定権は、防衛大臣ではなく、内閣総理大臣にあります。また、法律に特別の規定がない場合には、閣議にかけないで国防軍を指揮することができます。

（３）衆議院の解散の決定権
54条1項で、「衆議院の解散は、内閣総理大臣が決定する」と規定しました。かつて、解散を決定する閣議において閣僚が反対する場合に、その閣僚を罷免するという事例があったので、解散の決定は、閣議にかけず、内閣総理大臣が単独で決定できるようにしたものです。

なお、この規定で「7条解散（今回の草案では、条の移動により「6条解散」になります）、すなわち内閣不信任案が可決された場合以外の解散について明示すべきだ。」という意見もありましたが、「それは憲法慣例に委ねるべきだ。」という意見が大勢であり、この規定に落ち着きました。

日本国憲法

■第六章　司法

（司法権の機関と裁判官の職務上の独立）

第七十六条 ①すべて司法権は、最高裁判所及び法律の定めるところにより設置する下級裁判所に属する。

②特別裁判所は、これを設置することができない。行政機関は、終審として裁判を行ふことができない。

③すべて裁判官は、その良心に従ひ独立してその職権を行ひ、この憲法及び法律にのみ拘束される。

（最高裁判所の規則制定権）

第七十七条 ①最高裁判所は、訴訟に関する手続、弁護士、裁判所の内部規律及び司法事務処理に関する事項について、規則を定める権限を有する。

②検察官は、最高裁判所の定める規則に従はなければならない。

③最高裁判所は、下級裁判所に関する規則を定める権限を、下級裁判所に委任することができる。

（裁判官の身分の保障）

第七十八条 裁判官は、裁判により、心身の故障のために職務を執ることができないと決定された場合を除いては、公の弾劾によらなければ罷免されない。裁判官の懲戒処分は、行政機関がこれを行ふことはできない。

（最高裁判所の構成及び裁判官任命の国民審査）

第七十九条 ①最高裁判所は、その長たる裁判官及び法律の定める員数のその他の裁判官

自民党改憲草案

●第六章　司法

（裁判所と司法権）

第七十六条 全て司法権は、最高裁判所及び法律の定めるところにより設置する下級裁判所に属する。

2　特別裁判所は、設置することができない。行政機関は、最終的な上訴審として裁判を行うことができない。

3　全て裁判官は、その良心に従い独立してその職権を行い、この憲法及び法律にのみ拘束される。

（最高裁判所の規則制定権）

第七十七条 最高裁判所は、裁判に関する手続、弁護士、裁判所の内部規律及び司法事務処理に関する事項について、規則を定める権限を有する。

2　検察官、弁護士その他の裁判に関わる者は、最高裁判所の定める規則に従わなければならない。

3　最高裁判所は、下級裁判所に関する規則を定める権限を、下級裁判所に委任することができる。

（裁判官の身分保障）

第七十八条 裁判官は、次条第三項に規定する場合及び心身の故障のために職務を執ることができないと裁判により決定された場合を除いては、第六十四条第一項の規定による裁判によらなければ罷免されない。行政機関は、裁判官の懲戒処分を行うことができない。

（最高裁判所の裁判官）

第七十九条 最高裁判所は、その長である裁判官及び法律の定める員数のその他の裁判官

自民党「Q&A」

▼Q31　裁判所と司法権に関して、どのような規定を置いたのですか？

答　**（最高裁判所裁判官の国民審査について）**

でこれを構成し、その長たる裁判官以外の裁判官は、内閣でこれを任命する。

②最高裁判所の裁判官の任命は、その任命後初めて行はれる衆議院議員総選挙の際国民の審査に付し、その後十年を経過した後初めて行はれる衆議院議員総選挙の際更に審査に付し、その後も同様とする。

③前項の場合において、投票者の多数が裁判官の罷免を可とするときは、その裁判官は、罷免される。

④審査に関する事項は、法律でこれを定める。

⑤最高裁判所の裁判官は、法律の定める年齢に達した時に退官する。

⑥最高裁判所の裁判官は、すべて定期に相当額の報酬を受ける。この報酬は、在任中、これを減額することができない。

（下級裁判所の裁判官）

第八十条　①下級裁判所の裁判官は、最高裁判所の指名した者の名簿によつて、内閣でこれを任命する。その裁判官は、任期を十年とし、再任されることができる。但し、法律の定める年齢に達した時には退官する。

②下級裁判所の裁判官は、すべて定期に相当額の報酬を受ける。この報酬は、在任中、これを減額することができない。

（最高裁判所の法令審査権）

第八十一条　最高裁判所は、一切の法律、命令、規則又は処分が憲法に適合するかしないかを決定する権限を有する終審裁判所である。

（対審及び判決の公開）

第八十二条　①裁判の対審及び判決は、公開法廷でこれを行ふ。

②裁判所が、裁判官の全員一致で、公の秩序又は善良の風俗を害する虞があると決した場合には、対審は、公開しないでこれを行ふことができる。但し、政治犯罪、出版に関する犯罪又はこの憲法第三章で保障する国民の権利が問題となつてゐる事件の対審は、常にこれを公開しなければならない。

で構成し、最高裁判所の長である裁判官以外の裁判官は、内閣が任命する。

2　最高裁判所の裁判官は、その任命後、法律の定めるところにより、国民の審査を受けなければならない。

3　前項の審査において罷免すべきとされた裁判官は、罷免される。

【④は削除】

4　最高裁判所の裁判官は、法律の定める年齢に達した時に退官する。

5　最高裁判所の裁判官は、全て定期に相当額の報酬を受ける。この報酬は、在任中、分限又は懲戒による場合及び一般の公務員の例による場合を除き、減額できない。

（下級裁判所の裁判官）

第八十条　下級裁判所の裁判官は、最高裁判所の指名した者の名簿によって、内閣が任命する。その裁判官は、法律の定める任期を限って任命され、再任されることができる。ただし、法律の定める年齢に達した時には、退官する。

2　前条第五項の規定は、下級裁判所の裁判官の報酬について準用する。

（法令審査権と最高裁判所）

第八十一条　最高裁判所は、一切の法律、命令、規則又は処分が憲法に適合するかしないかを決定する権限を有する最終的な上訴審裁判所である。

（裁判の公開）

第八十二条　裁判の口頭弁論及び公判手続き並びに判決は、公開の法廷で行う。

2　裁判所が、裁判官の全員一致で、公の秩序又は善良の風俗を害するおそれがあると決した場合には、口頭弁論及び公判手続は、公開しないで行うことができる。ただし、政治犯罪、出版に関する犯罪又は第三章で保障する国民の権利が問題となっている事件の口頭弁論及び公判手続は、常に公開しなければならない。

現行憲法79条2項から4項までに、最高裁判所裁判官の国民審査に関する規定が置かれています。しかし、現在まで国民審査によって罷免された裁判官は1人もいないなど、その制度が形骸化しているという批判がありました。そこで、憲法改正草案では、国民審査の方法は憲法では定めず、法律で定めることとしました（79条2項）。国民審査を国民に分かりやすいものにするのは簡単ではありませんが、このように規定することで、立法上工夫の余地が出てくると考えます。

（裁判官の報酬の減額について）

現行憲法79条6項では、裁判官の報酬は在任中減額できないこととされています。しかし、最近のようにデフレ状態が続いて公務員の給与の引下げを行う場合に解釈上困難が生じていますし、また、懲戒の場合であっても報酬が減額できないという問題があります。こうしたことから、憲法改正草案では、79条5項後段に「この報酬は、在任中、分限又は懲戒による場合及び一般の公務員の例による場合を除き、減額できない」と規定し、解決を図りました。

日本国憲法

■第七章　財政

（財政処理の要件）
第八十三条　国の財政を処理する権限は、国会の議決に基いて、これを行使しなければならない。

〔草案は下記を挿入〕

（課税の要件）
第八十四条　あらたに租税を課し、又は現行の租税を変更するには、法律又は法律の定める条件によることを必要とする。

（国費支出及び債務負担の要件）
第八十五条　国費を支出し、又は国が債務を負担するには、国会の議決に基くことを必要とする。

（予算の作成）
第八十六条　内閣は、毎会計年度の予算を作成し、国会に提出して、その審議を受け議決を経なければならない。

〔草案は下記を挿入〕

〔草案は下記を挿入〕

〔草案は下記を挿入〕

（予備費）
第八十七条　①予見し難い予算の不足に充てるため、国会の議決に基いて予備費を設け、内閣の責任でこれを支出することができる。
②すべて予備費の支出については、内閣は、

自民党改憲草案

●第七章　財政

（財政の基本原則）
第八十三条　国の財政を処理する権限は、国会の議決に基づいて行使しなければならない。
2　財政の健全性は、法律の定めるところにより、確保されなければならない。

（租税法律主義）
第八十四条　租税を新たに課し、又は変更するには、法律の定めるところによることを必要とする。

（国費の支出及び国の債務負担）
第八十五条　国費を支出し、又は国が債務を負担するには、国会の議決に基づくことを必要とする。

（予算）
第八十六条　内閣は、毎会計年度の予算案を作成し、国会に提出して、その審議を受け、議決を経なければならない。
2　内閣は、毎会計年度中において、予算を補正するための予算案を提出することができる。
3　内閣は、当該会計年度開始前に第一項の議決を得られる見込みがないと認めるときは、暫定期間に係る予算案を提出しなければならない。
4　毎会計年度の予算は、法律の定めるところにより、国会の議決を経て、翌年度以降の年度においても支出することができる。

（予備費）
第八十七条　予見し難い予算の不足に充てるため、国会の議決に基づいて予備費を設け、内閣の責任でこれを支出することができる。
2　全て予備費の支出については、内閣は、事

自民党「Q&A」

▼Q32　財政に関して、どのような規定を置いたのですか？

答　**（財政健全主義の規定）**
83条に新しく2項を加えて、「財政の健全性は、法律の定めるところにより、確保されなければならない」とし、財政の健全性を初めて憲法上の価値として規定しました。具体的な健全性の基準は、わが党がかつて提出した「財政健全化責任法案」のような法律で規定することになります。

（複数年度予算）
86条4項で、複数年度にわたる予算について、「毎会計年度の予算は、法律の定めるところにより、国会の議決を経て、翌年度以降の年度においても支出することができる」と、明確な規定を新設しました。これは、現行制度でも認めている繰越明許費や継続費などを憲法上認めるとともに、いわゆる複数年度予算についても、法律の定めるところにより実施可能とするものです。

▼Q33　私学助成に関わる規定（89条）を変えたのは、なぜですか？

答　現行憲法89条では、「公の支配」に属しない教育への助成金は禁止されています。
ただし、解釈上、私立学校においても、その設立や教育内容

事後に国会の承諾を得なければならない。

（皇室財産及び皇室費用）
第八十八条　すべて皇室財産は、国に属する。すべて皇室の費用は、予算に計上して国会の議決を経なければならない。

（公の財産の用途制限）
第八十九条　公金その他の公の財産は、宗教上の組織若しくは団体の使用、便益若しくは維持のため、又は公の支配に属しない慈善、教育若しくは博愛の事業に対し、これを支出し、又はその利用に供してはならない。

（会計検査）
第九十条　①国の収入支出の決算は、すべて毎年会計検査院がこれを検査し、内閣は、次の年度に、その検査報告とともに、これを国会に提出しなければならない。
②会計検査院の組織及び権限は、法律でこれを定める。

〔草案は下記を挿入〕

（財政状況の報告）
第九十一条　内閣は、国会及び国民に対し、定期に、少くとも毎年一回、国の財政状況について報告しなければならない。

後に国会の承諾を得なければならない。

（皇室財産及び皇室の費用）
第八十八条　全て皇室財産は、国に属する。全て皇室の費用は、予算案に計上して国会の議決を経なければならない。

（公の財産の支出及び利用の制限）
第八十九条　公金その他の公の財産は、第二十条第三項ただし書に規定する場合を除き、宗教的活動を行う組織若しくは団体の使用、便益若しくは維持のため支出し、又はその利用に供してはならない。
2　公金その他の公の財産は、国若しくは地方自治体その他の公共団体の監督が及ばない慈善、教育若しくは博愛の事業に対して支出し、又はその利用に供してはならない。

（決算の承認等）
第九十条　内閣は、国の収入支出の決算について、全て毎年会計検査院の検査を受け、法律の定めるところにより、次の年度にその検査報告とともに両議院に提出し、その承認を受けなければならない。
2　会計検査院の組織及び権限は、法律で定める。
3　内閣は、第一項の検査報告の内容を予算案に反映させ、国会に対し、その結果について報告しなければならない。

（財政状況の報告）
第九十一条　内閣は、国会に対し、定期に、少なくとも毎年一回、国の財政状況について報告しなければならない。

について、国や地方公共団体の一定の関与を受けていることから、「公の支配」に属しており、私学助成は違憲ではないと考えられています。

　しかし、私立学校の建学の精神に照らして考えると、「公の支配」に属するというのは、適切な表現ではありません。そこで、憲法の条文を改め、「公の支配に属しない」の文言を、国等の「監督が及ばない」にしました。

　なお、党内の議論では、更に「教育に対する公金支出の制限の規定は、教育の重要性を考えると、おかしいのではないか。」という意見がありました。しかし、朝鮮学校で反日的な教育が行われている現状やこれまでの判例の積み重ねもあり、基本的には現行規定を残すこととしました。

▼Q34　決算の承認と、予算案への反映について規定を置いたのは、なぜですか？

答　現行憲法では、決算は「国会に提出しなければならない」と定めるのみで、国会が決算をどう扱うかについて規定はありません。現在、決算は国会への単なる「報告」案件に過ぎず、各院は独立、別個に決算を審議し、議決することとなっています。しかし、それでは、国会は、政府が行った支出に対して十分なチェックを果たすことができません。そこで、憲法改正草案では、決算を国会の承認を要するものに改めることとしました（90条1項）。

　なお、党内での議論では、参議院側から「決算を通常の議案と同様とした場合、まず衆議院に提出され、その承認を受けてから参議院に送付されることになる。衆議院で不承認となれば、送付すらされない。それでは『決算の参議院』の役割が果たせない。」との意見がありました。そこで、決算報告は、両議院に同時に提出することとしました。

　加えて、「決算について国会が承認することとする以上、その効果を持たせる必要がある。」という意見が大勢を占めました。そこで、内閣は、「検査報告の内容を予算案に反映させ、国会に対し、その結果について報告しなければならない」と規定しました（90条3項）。これにより、会計検査院の検査の実効性が飛躍的に高まることになります。

日本国憲法

■第八章　地方自治

〔草案は下記を挿入〕

〔草案は下記を挿入〕

（地方自治の本旨の確保）

第九十二条　地方公共団体の組織及び運営に関する事項は、地方自治の本旨に基いて、法律でこれを定める。

〔草案は下記を挿入〕

（地方公共団体の機関）

第九十三条　①地方公共団体には、法律の定めるところにより、その議事機関として議会を設置する。

②地方公共団体の長、その議会の議員及び法律の定めるその他の吏員は、その地方公共団体の住民が、直接これを選挙する。

（地方公共団体の権能）

第九十四条　地方公共団体は、その財産を管理し、事務を処理し、及び行政を執行する権

自民党改憲草案

●第八章　地方自治

（地方自治の本旨）

第九十二条　地方自治は、住民の参画を基本とし、住民に身近な行政を自主的、自立的かつ総合的に実施することを旨として行う。

2　住民は、その属する地方自治体の役務の提供を等しく受ける権利を有し、その負担を公平に分担する義務を負う。

（地方自治体の種類、国及び地方自治体の協力等）

第九十三条　地方自治体は、基礎地方自治体及びこれを包括する広域地方自治体とすることを基本とし、その種類は、法律で定める。

2　地方自治体の組織及び運営に関する基本的事項は、地方自治の本旨に基づいて、法律で定める。

3　国及び地方自治体は、法律の定める役割分担を踏まえ、協力しなければならない。地方自治体は、相互に協力しなければならない。

（地方自治体の議会及び公務員の直接選挙）

第九十四条　地方自治体には、法律の定めるところにより、条例その他重要事項を議決する機関として、議会を設置する。

2　地方自治体の長、議会の議員及び法律の定めるその他の公務員は、当該地方自治体の住民であって日本国籍を有する者が直接選挙する。

（地方自治体の権能）

第九十五条　地方自治体は、その事務を処理する権能を有し、法律の範囲内で条例を制定

自民党「Q&A」

▼Q35　地方自治については、どのような規定を置いたのですか？

答　**（92条　地方自治の本旨）**

92条において、地方自治の本旨に関する規定を新設しました。従来「地方自治の本旨」という文言が無定義で用いられていたため、この条文において明確化を図りました。また、自治の精神をより明確化するため、これまで「地方公共団体」とされてきたものを、一般に用いられている「地方自治体」という用語に改めました。

（93条　地方自治体の種類、国及び地方自治体の協力等）

93条は、地方自治体の種類、国及び地方自治体の協力等についての規定です。1項で「地方自治体は、基礎地方自治体及びこれを包括する広域地方自治体とすることを基本とし、その種類は、法律で定める」と規定し、現行憲法で言及されていなかった地方自治体の種類や、地方自治が二層制を採ることについて言及しました。「基本と」するとは、基礎地方自治体及び広域地方自治体以外にも、地方自治体には、一部事務組合、広域連合、財産区などがあることから、そのように規定したものです。

3項では、東日本大震災の教訓に基づき、「国及び地方自治体は、法律の定める役割分担を踏まえ、協力しなければならない。地方自治体は、相互に協力しなければならない。」と規定し、国と地方自治体間、地方自治体同士の協力について定めました。

（94条　地方自治体の議会及び公務員の直接選挙）

94条は、地方自治体の議会及び公務員の直接選挙に関する規定です。「地方自治体の住民であって日本国籍を有する者が直接選挙する」と規定し、外国人に地方選挙権を認めないことを明確にしました。

（95条　地方自治体の権能）

95条は、地方自治体の権能に関する規定です。地方自治体の条例が「法律の範囲内で」制定できることについては、変更し

能を有し、法律の範囲内で条例を制定することができる。

〔草案は下記を挿入〕

（一の地方公共団体のみに適用される特別法）
第九十五条　一の地方公共団体のみに適用される特別法は、法律の定めるところにより、その地方公共団体の住民の投票においてその過半数の同意を得なければ、国会は、これを制定することができない。

することができる。

（地方自治体の財政及び国の財政措置）
第九十六条　地方自治体の経費は、条例の定めるところにより課する地方税その他の自主的な財源をもって充てることを基本とする。
2　国は、地方自治体において、前項の自主的な財源だけでは地方自治体の行うべき役務の提供ができないときは、法律の定めるところにより、必要な財政上の措置を講じなければならない。
3　第八十三条第二項の規定は、地方自治について準用する。

（地方自治特別法）
第九十七条　特定の地方自治体の組織、運営若しくは権能について他の地方自治体と異なる定めをし、又は特定の地方自治体の住民にのみ義務を課し、権利を制限する特別法は、法律の定めるところにより、その地方自治体の住民の投票において有効投票の過半数の同意を得なければ、制定することができない。

ませんでした。条例の「上書き権」のようなことも議論されていますが、こうしたことは個別の法律で規定することが可能であり、国の法律が地方の条例に優先するという基本は、変えられないと考えています。

（96条　地方自治体の財政及び国の財政措置）
96条に地方自治体の財政に関する規定を新設しました。地方自治が自主的財源に基づいて運営されることなどを規定しました。

（97条　地方自治特別法）
97条の地方自治特別法の規定は、特定の地方自治体に対してのみ適用される法律については、当該地方自治体の住民の投票に付して同意を得なければ制定できないことを定めたものです。現行95条を引き継いだ規定ですが、現行の規定では適用要件が不明確であるため、今回の草案で明確化を図っています。

▼Q36　道州制について、どう考えているのですか？
答　道州制については、今回の憲法改正草案には直接盛り込みませんでした。しかしながら、道州はこの草案の広域地方自治体に当たり、この草案のままでも、憲法改正によらずに立法措置により道州制の導入は可能であると考えています。

▼Q37　外国人の地方参政権について、どう考えているのですか？
答　日本国憲法改正草案では、94条（地方自治体の議会及び公務員の直接選挙）2項で「地方自治体の長、議会の議員及び法律の定めるその他の公務員は、当該地方自治体の住民であって日本国籍を有する者が直接選挙する」と規定し、「日本国籍を有する者」という文言を挿入することによって、外国人に地方選挙権を認めないことを明確にしました。

地方自治は、我が国の統治機構の不可欠の要素を成し、その在り方が国民生活に大きな影響を及ぼす可能性があることを踏まえると、国政と同様に地方政治の方向性も主権者である国民が決めるべきであります。

日本国憲法

自民党改憲草案

●ここに注意!!⑤

地方自治 国の役割を地方と住民に押し付けるなど 地方自治の原則を否定

改憲草案93条3項では国と地方自治体の「役割分担」、地方自治体の「相互協力」を定めています。これは「国に頼るな」、厳しい財政でも「自治体同士で助け合え」という姿勢です。

ですから、草案96条の財政については「自主的な財源」の原則を定め、「Q&A」のQ35では「地方自治は自主的財源に基づいて運営されること」と、それが基本のように説明しています。

さらに草案92条2項では住民は「負担を公平に分担する義務を負う」とまで定めています。地方自治法第10条2項に同様の条文が定められていますが、違うのは「公平に」の3文字が加えられていることです。住民と自治体を経済的対立関係と位置付けて、住民に「役務の提供を受けた者は、公平に、その分支払え」と〝応益負担〟を求めているのです。

徹頭徹尾、憲法の「地方自治の原則」をふみにじり国の社会保障の役割を地方と住民に押し付ける発想です。

自民党「Q&A」

なお、外国人も税金を払っていることを理由に地方参政権を与えるべきとの意見もありますが、税金は飽くまでも様々な行政サービスの財源を賄うためのもので、何らかの権利を得るための対価として支払うものではなく、直接的な理由にはなりません。

▼Q38 地方財政について、どのような規定を置いたのですか?

答 96条に地方自治体の財政に関する規定を新設しています。その1項は、地方自治は自主的財源に基づいて運営されることを基本とすることを明確に宣言したものです。なお、「地方交付税は、1項の自主的財源に当たるのか」という点については、地方交付税も同項の自主的財源に当たるものと考えています。

2項は、国による地方財政の保障義務を定める趣旨の規定です。地方自治体において、1項の自主的な財源だけでは住民に対する十分なサービスの提供ができない場合には、国は必要な財政上の措置を講じなければならないことを定めました。

3項で、地方自治について、財政の健全性が確保されなければならないことを規定しました。国の財政健全性の確保に関する規定を準用する形をとっています。

〔草案は下記を挿入〕

●第九章　緊急事態

（緊急事態の宣言）

第九十八条　内閣総理大臣は、我が国に対する外部からの武力攻撃、内乱等による社会秩序の混乱、地震等による大規模な自然災害その他の法律で定める緊急事態において、特に必要があると認めるときは、法律の定めるところにより、閣議にかけて、緊急事態の宣言を発することができる。

2　緊急事態の宣言は、法律の定めるところにより、事前又は事後に国会の承認を得なければならない。

3　内閣総理大臣は、前項の場合において不承認の議決があったとき、国会が緊急事態の宣言を解除すべき旨を議決したとき、又は事態の推移により当該宣言を継続する必要がないと認めるときは、法律の定めるところにより、閣議にかけて、当該宣言を速やかに解除しなければならない。また、百日を超えて緊急事態の宣言を継続しようとするときは、百日を超えるごとに、事前に国会の承認を得なければならない。

4　第二項及び前項後段の国会の承認については、第六十条第二項の規定を準用する。この場合において、同項中「三十日以内」とあるのは、「五日以内」と読み替えるものとする。

（緊急事態の宣言の効果）

第九十九条　緊急事態の宣言が発せられたときは、法律の定めるところにより、内閣は法律と同一の効力を有する政令を制定することができるほか、内閣総理大臣は財政上必要な支出その他の処分を行い、地方自治体の長に対して

▼Q39　緊急事態に関する規定を置いたのは、なぜですか？

答　8章の次に2条から成る新たな章を設け、「緊急事態」について規定しました。具体的には、有事や大規模災害などが発生したときに、緊急事態の宣言を行い、内閣総理大臣等に一時的に緊急事態に対処するための権限を付与することができることなどを規定しました。

　国民の生命、身体、財産の保護は、平常時のみならず、緊急時においても国家の最も重要な役割です。今回の草案では、東日本大震災における政府の対応の反省も踏まえて、緊急事態に対処するための仕組みを、憲法上明確に規定しました。このような規定は、外国の憲法でも、ほとんどの国で盛り込まれているところです。

▼Q40　緊急事態の宣言に関する制度の概要について、説明してください。

答　緊急事態の宣言に関する制度として、草案では、98条で緊急事態の宣言の根拠規定や手続を定め、99条でその効果を定めています。

（緊急事態宣言の要件とその基本的性質）

　まず、98条1項で、内閣総理大臣は、外部からの武力攻撃、内乱等の社会秩序の混乱、大規模な自然災害等が発生したときは、閣議にかけて、緊急事態の宣言を発することができることとしました。

　ここに掲げられている事態は例示であり、どのような事態が生じたときにどのような要件で緊急事態の宣言を発することができるかは、具体的には法律で規定されます。

　緊急事態の宣言の基本的性質として、重要なのは、宣言を発したら内閣総理大臣が何でもできるようになるわけではなく、その効果は次の99条に規定されていることに限られるということです。よく「戒厳令ではないか」などと言う人がいますが、決してそのようなことではありません。99条に規定している効果を持たせたいときに、緊急事態の宣言を行うのです。

（緊急事態の宣言の手続）

　緊急事態の宣言の手続について、最も議論されたのは、「宣

日本国憲法

自民党改憲草案

必要な指示をすることができる。

2　前項の政令の制定及び処分については、法律の定めるところにより、事後に国会の承認を得なければならない。

3　緊急事態の宣言が発せられた場合には、何人も、法律の定めるところにより、当該宣言に係る事態において国民の生命、身体及び財産を守るために行われる措置に関して発せられる国その他公の機関の指示に従わなければならない。この場合においても、第十四条、第十八条、第十九条、第二十一条その他の基本的人権に関する規定は、最大限に尊重されなければならない。

4　緊急事態の宣言が発せられた場合においては、法律の定めるところにより、その宣言が効力を有する期間、衆議院は解散されないものとし両議院の議員の任期及びその選挙期日の特例を設けることができる。

自民党「Q&A」

言を発するのに閣議にかける暇はないのではないか。」ということでした。しかし、内閣総理大臣の専権とするには余りに強大な権限であること、また、次の99条に規定されている宣言の効果は1分1秒を争うほどの緊急性を要するものではないことから、閣議にかけることとしました。

例えば「我が国に対してミサイルが発射されたときに、それを迎撃するのに、閣議決定をしていては、間に合わないではないか。」などと質問されますが、そうしたことは9条の2などの別の法制で考えるべきことであり、緊急事態の宣言とは、直接関係はありません。

2項で、国会による民主的統制の確保の観点から、緊急事態の宣言には、事前又は事後に国会の承認が必要であることを規定しました。当然事前の承認が原則ですが、緊急事態に鑑み、事後になることもあり得ると考えられます。

3項で、緊急事態の宣言の終了について、規定しました。この規定は、当初の案では、憲法に規定せずに法律事項とする考えでしたが、党内議論の中で、「宣言は内閣総理大臣に対して強大な権限を与えるものであることから、授権の期間をきちんと憲法上規定すべきだ。」という意見があり、その期間を１００日とする規定を設けたところです。その他、国会が宣言を解除すべきと議決したときにも、宣言は解除されるものと規定しました。

4項で、緊急事態の宣言の承認の議決及びその継続の承認の議決については、衆議院の議決が優越することを規定しました。宣言の解除の議決については、衆議院の優越はありません。また、参議院の議決期間は、緊急性に鑑み、5日間としました。

（緊急事態の宣言の効果）

99条1項で、緊急事態の宣言が発せられたときは、内閣は緊急政令を制定し、内閣総理大臣は緊急の財政支出を行い、地方自治体の長に対して指示できることを規定しました。ただし、その具体的内容は法律で規定することになっており、内閣総理大臣が何でもできるようになるわけではありません。

緊急政令は、現行法にも、災害対策基本法と国民保護法（「武力攻撃事態等における国民の保護のための措置に関する法

●ここに注意!!⑥

緊急事態条項

緊急事態と宣言すれば、総理は何でも可能に

改憲草案は、「国が重大な危機に直面した場合」として、第9章を新設し、第98条・第99条の「緊急事態条項」を設けました。

これは戦前で言えば「戒厳令」です。憲法では、「戒厳令」が人権を抑圧し、戦争の道を進めたことへの反省から、定めていません。

草案では、緊急事態を宣言すれば、内閣が自由に政令をつくり、総理大臣は予算も自由に使うことができ、知事や市区町村長に指示も出せます。そして、知事や市区町村長、国民はその指示に従わねばなりません。国民の人権と生活を大きく制限する内容です。

また、草案98条1項に「緊急事態」の事例が書かれていますが、現在の法律でも、国外からの攻撃には武力攻撃事態法、内乱には警察法や自衛隊法、自然災害には災害対策基本法などで対処することができます。なぜ憲法にあえて位置づけるのかと考えると、「戦争する国」づくりのためではないでしょうか。

衆参憲法審査会では自民党らが、選挙制度問題とこの緊急事態条項で、憲法「改正」を主張しています。

律」をいう。以下同じ。）に例があります。したがって、必ずしも憲法上の根拠が必要ではありませんが、根拠があることが望ましいと考えたところです。

緊急の財政支出の具体的内容は、法律で規定されます。予備費があれば、先ず予備費で対応するのが原則です。

地方自治体の長に対する指示は、もともと法律の規定を整備すれば憲法上の根拠がなくても可能です。草案の規定は、憲法上の根拠があることが望ましいと考えて、念のために置いた規定です。したがって、この規定を置いたからといって、緊急事態以外では地方自治体の長に対して指示できないというわけではありません。

99条2項で、1項の緊急政令の制定と緊急の財政支出について、事後に国会の承認を得ることが必要であることを規定しました。なお、緊急政令は、承認が得られなければ直ちに廃止しなければなりませんが、緊急の財政支出は、承認が得られなくても既に支出が行われた部分の効果に影響を与えるものではないと考えます。

ほかに、緊急事態の宣言の効果として、国民保護のための国等の指示に従う義務（99条3項）、衆議院の解散の制限や国会議員の任期及び選挙期日の特例（99条4項）を定めています。

▼Q41 国等の指示に対する国民の遵守義務（99条3項）を定めたのは、なぜですか？
基本的人権が制限されることもあるのですか？

答 99条3項で、緊急事態の宣言が発せられた場合には、国民は、国や地方自治体等が発する国民を保護するための指示に従わなければならないことを規定しました。現行の国民保護法において、こうした憲法上の根拠がないために、国民への要請は全て協力を求めるという形でしか規定できなかったことを踏まえ、法律の定める場合には、国民に対して指示できることとするとともに、それに対する国民の遵守義務を定めたものです。「国民の生命、身体及び財産を守るために行われる措置」という部分は、党内議論の中で、「国民への指示は何のために行われるのか明記すべきだ。」という意見があり、それを受けて規定したものです。

後段の基本的人権の尊重規定は、武力攻撃事態対処法の基本理念の規定（同法3条4項後段）をそのまま援用したものです。

●ここに注意!!⑦

2005年の「新憲法草案」と2012年「日本国憲法改正草案」

05年「新憲法草案」は自民党政権の時、民主党との憲法改正の合意をねらって作成されたものです（舛添要一氏、船田元氏らが作成）。この草案に安倍晋三氏、中曽根康弘氏らは、「何だ、この草案は！自民党の魂を売るような草案はけしからん」と怒ったとか。

一方、12年「日本国憲法改正草案」は、自民党が野党時代、憲法改正の「理想」の案として作成したものです。

その違いは、05年草案は「自衛軍」、12年草案は「国防軍」。また、「軍法会議」は05年草案では裁判所規定に位置付けていますが、12年草案では9条に入れています。さらに、12年草案の24条の家族問題と「第9章　緊急事態」とは、05年草案にはありません。これらを出すと、民主党と合意はできないし、大騒ぎになるとして05年草案には入れなかったのです。

12年草案は、05年草案と比べても危険な草案です。憲法改正には国会で改憲多数派の形成が必要です。そのため、２０１６年の憲法審査会では「封印」としてみせたのです。

党内議論の中で、「緊急事態の特殊性を考えれば、この規定は不要ではないか。」、「せめて『最大限』の文言は削除してはどうか。」などの意見もありましたが、緊急事態においても基本的人権を最大限尊重することは当然のことであるので、原案のとおりとしました。逆に「緊急事態であっても、基本的人権は制限すべきではない。」との意見もありますが、国民の生命、身体及び財産という大きな人権を守るために、そのため必要な範囲でより小さな人権がやむなく制限されることもあり得るものと考えます。

▼Q42　衆議院解散の制限や国会議員の任期の特例の規定（99条4項）を置いたのは、なぜですか？
また、既に衆議院が解散されている場合に緊急事態の宣言が出されたときは、どう対応するのですか？

答　99条4項で、緊急事態の宣言が発せられた場合は、衆議院は解散されず、国会議員の任期の特例や選挙期日の特例を定め得ることを規定しました。東日本大震災の後、被災地の地方議員の任期や統一地方選の選挙期日を、法律で特例を設けて延長したのですが、国会議員の任期や選挙期日は憲法に直接規定されているので、法律でその例外を規定することはできません。そこで、緊急事態の宣言の効果として、国会議員の任期や選挙期日の特例を法律で定め得ることとするとともに、衆議院はその間解散されないこととしました。

党内議論の中で、「衆議院が解散されている場合に緊急事態が生じたときは、前議員の身分を回復させるべきではないか。」という意見もありましたが、衆議院議員は一度解散されればその身分を失うのであり、憲法上参議院の緊急集会も認められているので、その意見は採用しませんでした。それに対し、「いつ総選挙ができるか分からないではないか。」という意見もありましたが、緊急事態下でも総選挙の施行が必要であれば、通常の方法ではできなくとも、期間を短縮するなど何らかの方法で実施することになるものと考えています。なお、参議院議員の通常選挙は、任期満了前に行われるのが原則であり、参議院議員が大量に欠員になることは通常ありません。

■第九章　改正

（憲法改正の発議、国民投票及び公布）
第九十六条　①この憲法の改正は、各議院の総議員の三分の二以上の賛成で、国会が、これを発議し、国民に提案してその承認を経なければならない。この承認には、特別の国民投票又は国会の定める選挙の際行はれる投票において、その過半数の賛成を必要とする。
②憲法改正について前項の承認を経たときは、天皇は、国民の名で、この憲法と一体を成すものとして、直ちにこれを公布する。

●第十章　改正

第百条　この憲法の改正は、衆議院又は参議院の議員の発議により、両議院のそれぞれの総議員の過半数の賛成で国会が議決し、国民に提案してその承認を得なければならない。この承認には、法律の定めるところにより行われる国民の投票において有効投票の過半数の賛成を必要とする。
2　憲法改正について前項の承認を経たときは、天皇は、直ちに憲法改正を公布する。

▼**Q43　憲法改正の発議要件を緩和したのは、なぜですか？**
答　100条1項で、衆参両院における憲法改正の提案要件を「3分の2以上」から「過半数」に緩和しました。

　現行憲法は、両院で3分の2以上の賛成を得て国民に提案され、国民投票で過半数の賛成を得てはじめて憲法改正が実現することとなっており、世界的に見ても、改正しにくい憲法となっています。

　憲法改正は、国民投票に付して主権者である国民の意思を直接問うわけですから、国民に提案される前の国会での手続を余りに厳格にするのは、国民が憲法について意思を表明する機会が狭められることになり、かえって主権者である国民の意思を反映しないことになってしまうと考えました。

　なお、「過半数では通常の法律案の議決と同じであり、それでは、時の政権に都合のよい憲法改正案が国民に提案されることになって、かえって憲法が不安定になるのではないか。そう考えると、国会の提案要件を両議院の5分の3以上としてはどうか。」という意見もありました。しかし、3分の2と5分の3では余り差はなく、法令上議決要件を5分の3とする前例もないことから、多数の意見を採用して過半数としたところです。

日本国憲法

■第十章　最高法規

（基本的人権の由来特質）

第九十七条　この憲法が日本国民に保障する基本的人権は、人類の多年にわたる自由獲得の努力の成果であつて、これらの権利は、過去幾多の試錬に堪へ、現在及び将来の国民に対し、侵すことのできない永久の権利として信託されたものである。

（憲法の最高性と条約及び国際法規の遵守）

第九十八条　①この憲法は、国の最高法規であつて、その条規に反する法律、命令、詔勅及び国務に関するその他の行為の全部又は一部は、その効力を有しない。

②日本国が締結した条約及び確立された国際法規は、これを誠実に遵守することを必要とする。

〔草案は下記を挿入〕

（憲法尊重擁護の義務）

第九十九条　天皇又は摂政及び国務大臣、国会議員、裁判官その他の公務員は、この憲法を尊重し擁護する義務を負ふ。

自民党改憲草案

●第十一章　最高法規

〔削除〕

（憲法の最高法規性等）

第百一条　この憲法は、国の最高法規であって、その条規に反する法律、命令、詔勅及び国務に関するその他の行為の全部又は一部は、その効力を有しない。

2　日本国が締結した条約及び確立された国際法規は、これを誠実に遵守することを必要とする。

（憲法尊重擁護義務）

第百二条　全て国民は、この憲法を尊重しなければならない。

2　国会議員、国務大臣、裁判官その他の公務員は、この憲法を擁護する義務を負う。

自民党「Q&A」

▼Q44　憲法改正草案では、現行憲法11条を改め、97条を削除していますが、天賦人権思想を否定しているのですか？

答　人権は、人間であることによって当然に有するものです。我が党の憲法改正草案でも、自然権としての人権は、当然の前提として考えているところです。

　ただし、そのことを憲法上表すために、人権は神や造物主から「与えられる」というように表現する必要はないと考えます。こうしたことから、我が党の憲法改正草案11条では、「国民は、全ての基本的人権を享有する。この憲法が国民に保障する基本的人権は、侵すことのできない永久の権利である。」と規定し、人権は神から人間に与えられるという西欧の天賦人権思想に基づいたと考えられる表現を改めたところです。

　さらに、我が党の憲法改正草案では、基本的人権の本質について定める現行憲法97条を削除しましたが、これは、現行憲法11条と内容的に重複している（※）と考えたために削除したものであり、「人権が生まれながらにして当然に有するものである」ことを否定したものではありません。

※現行憲法の制定過程を見ると、11条後段と97条の重複については、97条のもととなった総司令部案10条がGHQホイットニー民政局長の直々の起草によることから、政府案起草者がその削除に躊躇したのが原因であることが明らかになっている。

▼Q45　国民の憲法尊重義務を規定したのは、なぜですか？

答　憲法の制定権者たる国民も憲法を尊重すべきことは当然であることから、102条1項を新設し、「全て国民は、この憲法を尊重しなければならない。」と規定しました。

　これについては、「国民は、『遵守義務』でいいのではないか。」という意見もありましたが、憲法も法であり、遵守するのは余りに当然のことであって、憲法に規定を置く以上、一歩進めて憲法尊重義務を規定したものです。なお、その内容は、「憲法の規定に敬意を払い、その実現に努力する。」といったことです。

●ここに注意!!⑧

第24条の改悪　家族の責任で、生活が苦しくとも助け合いなさい

憲法24条の「両性の平等」を改憲草案では「家族、婚姻等に関する基本原則」にあらため、「家族は、社会の自然かつ基礎的な単位として、尊重される。家族は、互いに助け合わなければならない」との新しい条文を設けています。

「保育や介護は家族の責任」「生活が苦しければ生活保護ではなく親類縁者が面倒見なさい」「国にたよってはいけません」ということです。「家（いえ）制度」の復活でしょうか。

草案第92条2項では地方自治体の負担は住民が公平に負担するとまで定めています。

そして、24条2項「婚姻」について、草案では「両性の合意に基づいて成立」と、憲法の「両性の合意のみに基づいて」の「のみ」を削除しています。家族が反対する結婚はだめだと言うのでしょうか。

日本会議（巻末参照）の関連団体が制作した啓発DVDでは、「サザエさんが今も高い国民的人気を誇るのはなぜでしょう」と語りかけ、「憲法24条により家族の解体が進んだ結果、様々な社会問題が起きている」とこじつけ、3世代同居のサザエさん一家を理想と持ち上げています。

この規定は、飽くまで訓示規定であり、具体的な効果があるわけではありません。

なお、公務員に関しては、同条2項で憲法擁護義務を定め、国民の憲法尊重義務とは区別しています。すなわち、公務員の場合は、国民としての憲法尊重義務に加えて、「憲法擁護義務」、すなわち、「憲法の規定が守られない事態に対して、積極的に対抗する義務」も求めています。

▼Q46　現行憲法99条にある憲法尊重擁護義務の主体として天皇及び摂政が規定されていますが、草案ではなぜ省かれたのですか？

答　現行憲法99条において、憲法尊重擁護義務の主体として天皇及び摂政が規定されていますが、草案では、政治的権能を有しない天皇及び摂政に憲法擁護義務を課すことはできないと考え、規定しませんでした。

▼Q47　憲法改正について、今後、どのような論議が予想されますか？　また、自民党が策定した「日本国憲法改正草案」は、どのような形で国会に提出することを考えているのですか？

答　主権回復後60年も、経ってしまいました。もっと早く、憲法改正に着手すべきでしたが、冷戦の間は、憲法改正を口にすることもできませんでした。その後議論は比較的自由になりましたが、憲法改正の発議要件が両院の3分の2以上の賛成であることから、本格的な議論は進みませんでした。何と言っても、憲法改正のための手続法の制定が遅れていたのです。

憲法改正のための手続法として「日本国憲法の改正手続に関する法律」（以下「憲法改正国民投票法」という。）がようやく制定され、平成22年5月に施行されました。憲法改正原案については、提出者のほか、衆議院では100人以上、参議院では50人以上の賛成者で、発議が可能となりました。つまり、形式的には憲法改正が可能となったのです。

しかし、憲法改正国民投票法では、次の3つの宿題を課されました。

①　選挙権年齢等を18歳に引き下げること

日本国憲法

■第十一章　補則

（施行期日と施行前の準備行為）

第百条　①この憲法は、公布の日から起算して六箇月を経過した日から、これを施行する。

②この憲法を施行するために必要な法律の制定、参議院議員の選挙及び国会召集の手続並びにこの憲法を施行するために必要な準備手続は、前項の期日よりも前に、これを行ふことができる。

（参議院成立前の国会）

第百一条　この憲法施行の際、参議院がまだ成立してゐないときは、その成立するまでの間、衆議院は、国会としての権限を行ふ。

（参議院議員の任期の経過的特例）

第百二条　この憲法による第一期の参議院議員のうち、その半数の者の任期は、これを三年とする。その議員は、法律の定めるところにより、これを定める。

（公務員の地位に関する経過規定）

第百三条　この憲法施行の際現に在職する国務大臣、衆議院議員及び裁判官並びにその他の公務員で、その地位に相応する地位がこの憲法で認められてゐる者は、法律で特別の定をした場合を除いては、この憲法施行のため、当然にはその地位を失ふことはない。但し、この憲法によつて、後任者が選挙又は任命されたときは、当然その地位を失ふ。

自民党改憲草案

●附則

（施行期日）

1　この憲法改正は、平成○年○月○日から施行する。ただし、次項の規定は、公布の日から施行する。

（施行に必要な準備行為）

2　この憲法改正を施行するために必要な法律の制定及び改廃その他この憲法改正を施行するために必要な準備行為は、この憲法改正の施行の日よりも前に行うことができる。

（適用区分等）

3　改正後の日本国憲法第七十九条第五項後段（改正後の第八十条第二項において準用する場合を含む。）の規定は、改正前の日本国憲法の規定により任命された最高裁判所の裁判官及び下級裁判所の裁判官の報酬についても適用する。

4　この憲法改正の施行の際現に在職する下級裁判所の裁判官については、その任期は改正前の日本国憲法第八十条第一項の規定による任期の残任期間とし、改正後の日本国憲法第八十条第一項の規定により再任されることができる。

5　改正後の日本国憲法第八十六条第一項、第二項及び第四項の規定はこの憲法改正の施行後に提出される予算案及び予算から、同条第三項の規定はこの憲法改正の施行後に提出される同条第一項の予算案に係る会計年度における暫定期間に係る予算案から、それぞれ適用し、この憲法改正の施行前に提出された予算及び当該予算に係る会計年度における暫定期間に係る予算については、なお従前の例による。

6　改正後の日本国憲法第九十条第一項及び第三項の規定は、この憲法改正の施行後に提出される決算から適用し、この憲法改正の施行前に提出された決算については、なお従前の例による。

自民党「Q＆A」

②　公務員の政治的行為に係る制限の緩和について検討すること

③　国民投票を他の国政課題へも拡大すること

1番目と2番目の課題は、憲法改正国民投票法施行前に解決すべき事項とされています。

平成23年10月、衆参両院で憲法審査会が始動し、憲法についての議論が始まりました。そこで、自民党としても、憲法改正に対する基本的な考え方を改めて示すため、今回、「日本国憲法改正草案」を取りまとめたものです。

「日本国憲法改正草案」は、いずれ憲法改正原案として国会に提出することになると考えています。しかし、憲法改正の発議要件が両院の3分の2以上であれば、自民党の案のまま憲法改正が発議できるとは、とても考えられません。まず、各党間でおおむねの了解を得られる事項について、部分的に憲法改正を行うことになるものと考えます。

その候補が正に憲法改正の発議要件である両院の3分の2以上の賛成の規定を過半数に緩和することですが、それをするにも、先に両院の3分の2以上の賛成が必要であり、簡単ではありません。いずれにしても、憲法改正は国民の意思でできるということを早く国民に実感してもらうことが必要です。与野党の協力の下、憲法改正の一致点を見いだす努力をすることが重要です。

なお、実際に国会に憲法改正原案を提出する際には、シングルイシュー（1つのテーマごとに国会に憲法改正原案を提出）になると考えられます。

2 安倍政権がすすめる戦争法（安保関連法制）実行準備

2-1

第50回自衛隊高級幹部会同 安倍首相訓示 「今こそ改革、実行の時」

２０１６年９月16日

この1年で、我が国を取り巻く安全保障環境は、目まぐるしく変化しました。その「現実」を、我々は、しっかりと直視し、万全の対応をとらなければなりません。

自衛隊の最高指揮官たる内閣総理大臣として、幹部諸君に訓示を述べるにあたり、本年は、まず、その点を強調したいと思います。

北朝鮮が、わずか9か月の間に、二度にわたって核実験を強行しました。断じて容認できません。国際社会の非難の声を無視し、弾道ミサイル発射も繰り返しています。先月、今月と、たて続けに、我が国のEEZにミサイルが撃ち込まれました。前例のない事態であります。

さらには、軍艦による領海侵入、相次ぐ国籍不明機による領空接近。これが「現実」であります。

極めて厳しい状況に、我が国は直面している。その「強い危機感」を、私は、諸君と共有しています。

同時に、私たちは、「固い決意」も共有しています。我が国の領土、領海、領空は、守り抜く。国民の命と平和な暮らしは、断固として、守り抜いていく決意であります。

この、政府にとって最も重い責任を全うするため、自衛隊員の諸君は、今この瞬間も、荒波を恐れず、乱気流を乗り越え、泥にまみれながら、極度の緊張感に耐え、黙々と任務を果たしてくれています。

全国各地において、自衛隊と在日米軍の円滑な任務遂行を支え、そして地元負担の軽減のため、縁の下で汗をかいている諸君の献身も、忘れてはなりません。

厳しい環境の下で任務を全うする自衛隊員の諸君は、私の誇りとするところであります。

日本を取り戻す。

4年前、こう訴えて、政権を奪還しました。「現実」を直視した、安全保障政策の立て直しが必要である。その強い信念が、政権交代への大きな原動力となりました。一次政権の時、防衛庁から省への移行を実現したのも、同じ信念に基づくものであります。

我が国初となる国家安全保障戦略を策定しました。国家安全保障会議は、その戦略を、一糸乱れず実行に移していく。そのための司令塔です。

こうした体制の下に、防衛装備移転三原則の策定を始め安全保障政策の改革は、確実に前進しています。限定的な集団的自衛権の行使容認を含む平和安全法制が成立し、これと軌を一にして、新たな日米ガイドラインも策定しました。

昨年は、さらに、統合幕僚監部に部隊運用に関する業務を一元化し、名実ともに、統合運用体制が整いました。

仕組みは出来ました。制度は整った。後は、これらを、血の通ったものとする。必要なことは、新しい防衛省・自衛隊による「実行」です。国民の命と平和な暮らしを守り抜く。「積極的平和主義」の旗を高く掲げ、世界の平和と安定、繁栄に、これまで以上に貢献していく。今こそ、「実行の時」であります。

この困難の伴う仕事を担うのが、これからの防衛省・自衛隊です。日本国民だけでなく、国際社会も大きな期待を寄せています。幹部諸君には、その責任の重さを噛みしめながら、先頭に立って、頑張ってもらいたいと思います。

相次ぐテロ、地域紛争。国際情勢は、一層複雑化し、日々、新たな事態が進展しています。

しかし、「国民を守る」という崇高な責務を担う我々には、「想定外」は許されません。これまで起きたことのない事態への備えこそ、重要です。対応が十分でなければ、取り返しがつかないかもしれない。あるいは、再び繰り返されるかもしれません。

あらゆる事態に備える。時代の変化に目を凝らし、受け身ではなく、能動的に行動することが求められています。

言うは易く行うは難い、この万全の備えを全うするため、今こそ、諸君が長年培ってきた知識や経験、練磨し、研ぎ澄まされた能力、そのすべてを傾けてもらいたいと思います。

現場における部隊運用の在り方、運用構想、運用を支える様々な制度。あらゆるレベルで、これまで行ってきたことが、これからの時代にも妥当性があるのかどうか、合理的であるのかどうか、聖域なく点検を進めていかなければなりません。

将来に向けた防衛力の整備も極めて重要です。純国産の先進技術実証機、X―2の初飛行は、技術優位の確保に対する我が国の強い意思を全世界に示しました。有限の資源の中で、優先順位をつけながら、いかなる分野に重点投資をしていくのか。現在の中期防衛力整備計画の先を見据えて、検討を加速してほしいと思います。

諸改革を進めるにあたり、政治の判断が必要となる事項についても、臆することなく、積極的にオプションを提示してもらいたい。私は、私と諸君との紐帯の強さこそが、我が国の安全に直結すると信じています。

かつて、自衛隊は存在することに意義がある、と言われた時代がありました。しかし、今や、諸君の日々の活動の一つひとつが、日本の国益につながっています。

警戒監視や情報収集にあたる部隊は、私の、目であり耳であります。

日々の、艦艇や航空機の配置や動き、さらには、いかなる訓練をいかなる場所で行うか。様々な部隊をいかに配置するか。それらすべてが、我が国の確固たる意思を、周辺国をはじめ世界に示し、抑止力としての大きな要素となっています。

そうした時代にあって、すべては国民を守るため、私は、自衛隊と政治とのシームレスな関係を構築していきたい。それが、時代の要請であると考えます。

諸君には、そのことを肝に銘じ、最高指揮官たる内閣総理大臣と、防衛省・自衛隊が、一体となって事に当たることができるよう、常に、心を砕いてほしいと思います。

「適者生存」という言葉があります。

生存競争において、勝ち残ることができるのは、最も力がある者ではありません。その環境に最も適応した者。すなわち、環境の変化に柔軟かつ迅速に対応できた者であります。

急速に少子高齢化が進む中で、また、多様な視点が求められる時代にあって、防衛の現場においても、女性の力が、絶対的に必要であります。

女性自衛官の採用を開始して以来、自衛隊における女性活躍の歴史は六十年を超えています。幹部候補生の採用を開始して半世紀。全ての職域が女性に開放されてからでも、既に20年以上の時を重ねています。

しかし、女性自衛官はまだまだ足りない。その比率は、イギリスやドイツ、フランスの半分程度、米国、豪州、カナダと比べれば、三分の一程度にとどまっています。欧米諸国に出来て、日本に出来ないはずがありません。

稲田大臣の下、今が、改革の時です。最大の壁は、根強く残る、男性中心の働き方文化です。これを根底から変えていく必要がある。

これは、我々、男性の問題です。

長年定着した組織文化を変えることは容易ではありませんが、女性活躍は、自衛隊が新たな時代に適応できるかどうか、その「試金石」であります。ここにいる男性の幹部諸君一人ひとりが、それぞれの現場で、自らの問題として積極的に取り組んでもらいたいと思います。

本日、この場に女性の将官の姿はありませんが、高級幹部の登場も、もはや時間の問題でありましょう。楽しみに待ちたいと思います。

我が国は、戦後、七十年以上にわたって、平和を守り続けてきました。その中で、自衛隊の存在が大きな役割を果たしたことは、言うまでもありません。

しかし、昨日までの平和は、明日からの平和を保証するものではありません。

「変化こそ、唯一の永遠である」

岡倉天心の言葉です。世の中は、私たちが望むと望まざるとにかかわらず、絶えず「変化」を続けています。ですから、どうか、昨日までの「常識」を、常に、疑ってください。そして、時代に応じて「変化」することを恐れないでください。

平和国家としての歩みを、これからも、堅持していく。そのためにこそ、「常識」の「殻」を打ち破り、改革へのチャレンジを続けてもらいたい。幹部諸君には、大いに期待しています。

私と日本国民は、常に、諸君をはじめ全国二十五万人の自衛隊と共にあります。その自信と誇りを胸に、日本と世界の平和と安定のため、益々精励されることを切に望み、私の訓示といたします。

平成28年9月12日

内閣総理大臣　安倍晋三

2-2

派遣継続に関する基本的な考え方

平成28（２０１６）年10月25日

内閣官房
内 閣 府
外 務 省
防 衛 省

【情勢】

1　南スーダンは、最も新しい国連加盟国であり、独立から間もない、世界で一番若い国である。

反政府勢力の存在や、部族間の対立があること、また、約二十年にわたるスーダンとの武力紛争を経て独立に至ったが、その間に使用された多数の武器が国内に出回っていることなどから、治安情勢は、極めて厳しい。

現在も、地方を中心に、武力衝突や一般市民の殺傷行為が度々生じている。

首都ジュバについても、七月に大規模な武力衝突が発生しており、現在は、比較的落ち着いているが、今後の治安情勢については、楽観できない状況である。

政府としても、邦人に対して、首都ジュバを含め、南スーダン全土に「退避勧告」を出している。これは、最も厳しいレベル四の措置であり、治安情勢が厳しいことは十分認識している。

【ＰＫＯ】

2　このような厳しい状況の中、南スーダンは、自らの力だけでは平和と安定を確保することができない。

だからこそ、国連による平和維持活動が行われており、我が国も、専門的な教育訓練を受け、厳しい環境でも活動できる自衛隊を派遣している。

国連の旗の下、国際社会が協力して、南スーダンの平和と安定のため力を合わせている。

アフリカの国々だけではなく、

例えば、国連 安保理 常任理事国の米国、英国、ロシア、中国、

地域毎に見ても、

アジアからは、韓国、ベトナム、インドネシア、モンゴル、ネパール、キルギス、タイ、ミャンマー、そして、ブータン、

大洋州からは、オーストラリア、ニュージーランド、そして、フィジー、パプア・ニューギニア、サモア

北米からはカナダ、

南米からはブラジル、ペルー、アルゼンチン、

欧州からは、ドイツ、オランダ、ノルウェー、スウェーデン、デンマーク、スイス、ポーランド、

また、自らも困難な状況にあるウクライナも派遣している。

まさに、世界のあらゆる地域から、六十二か国が部隊等を派遣し、南スーダンのために力を合わせている。

七月の衝突事案の後も、部隊を撤退させた国はない。むしろ、国連は、新たに四千人の地域保護部隊を創設し、増派を決めるなど、国際社会は取組を強化している。

【意義】

3　南スーダンは六カ国と国境を接し、アフリカ大陸を東西南北に結ぶ、極めて重要な位置にある。南スーダンの平和と安定は、南スーダン一国のみならず、周辺諸国の平和と安定、ひいてはアフリカ全体の平和と安定につながるものである。

また、アフリカの多くの国が苦しんでいる不安定と治安の問題を解決するという意味で、アフリカ全体の「希望」につながるものである。このような意味で自衛隊派遣は大きな意義があると考えている。

このような自衛隊派遣は、南スーダン政府や国連をはじめ、国際社会から高い評価を受けている。

今や、いかなる国も、一国だけでは自国の平和を守れない。一国平和主義ではいられない。国際社会の平和と我が国の平和は、分かち難いものである。

だからこそ、自衛隊は海外でリスクを負いながらも、国際社会の平和と安定のために貢献している。

【派遣の判断要素】

4　自衛隊を派遣し、活動を継続するに当たっては、大きく、二つの判断要素がある。まずは、要員の安全を確保した上で、意義のある活動を行えるか、ということであり、もう一つは、ＰＫＯ参加五原則を満たしているか、という憲法との関係の判断である。

【自衛隊の活動】

5　自衛隊の派遣は、先に述べたとおり、大きな意義のあるものであり、現在も、厳しい情勢の下ではあるが、専門的な教育訓練を受けたプロとして、安全を確保しながら、道路整備や避難民向けの施設構築を行うなど、意義のある活動を行っている。

危険の伴う活動ではあるが、自衛隊にしかできない責務を、しっかりと果たすことができている。

【ＰＫＯ参加五原則】

6　他方、ＰＫＯ参加五原則については、憲法に合致した活動であることを担保するものである。この場合、議論すべきは、我が国における、法的な意味における「武力紛争」が発生しているか、であり、

具体的には「国家又は国家に準ずる組織の間で行われるものである戦闘行為」が発生しているかである。（これは憲法との関係であり、その意味において我が国独自の問題である。）

7　南スーダンの治安状況は極めて悪く、多くの市民が殺傷される事態が度々生じているが、武力紛争の当事者（紛争当事者）となり得る「国家に準ずる組織」は存在しておらず、当該事態は「戦闘行為」が発生したと評価し得るものではない。

　また、我が国における、法的な意味における「武力紛争」が発生したとは考えていない。

8　今後も、南スーダンにおいて「武力衝突」の発生は十分に予想されるが、ＰＫＯ参加五原則は、引き続き、維持されるものと考えている。今後とも、緊張感を持って現地情勢を注視しながら、参加五原則の下で活動を行っていく。このようなことから、引き続き、自衛隊の派遣を継続することが適当であると考えている。

2-3

南スーダン国際平和協力業務実施計画の変更について

平成28（２０１６）年10月25日

防衛省

　標記について、本日の閣議において決定されましたので、以下のとおり概要をお知らせいたします。

1・趣旨

我が国は、国際連合南スーダン共和国ミッション（ＵＮＭＩＳＳ）に、平成23年11月から司令部要員を、平成24年1月から陸上自衛隊の施設部隊を派遣しています（なお、南北スーダン問題への対応として、平成20年10月に国際連合スーダン・ミッション（ＵＮＭＩＳＳ）へ司令部要員派遣を開始（～平成23年9月））。

　南スーダンは、スーダンにおける長年の内戦を経て南北間の和平を達成した後、２０１１年（平成23年）7月に独立を果たしました。しかしながら独立から5年経過した今、国内における政治的混乱の解決が南スーダンの国作り支援の大きな課題となっています。南スーダンの平和と安定は、アフリカの平和と安定にとり重要です。同国の平和と安定のため、国際社会が協力して取り組む必要があります。

　こうした状況を背景に、本年8月12日、安保理においてＵＮＭＩＳＳの活動期間を２０１６年（平成28年）12月15日まで約4か月延長する安保理決議第２３０４号が採択されました。これを踏まえ、我が国の南スーダン国際平和協力業務実施計画を変更して、下記のとおり、派遣期間を延長することとなりました。

　また、航空自衛隊の輸送部隊の経由地としてラオスとエチオピアを追加します。

　なお、国際平和協力法第7条第1号及び同条第3号の規定に基づき、変更に係る実施計画の内容及び変更前の期間における実施の状況について、国会に報告することとなっています。

2・変更内容

○派遣期間の延長

・現行の派遣期間：平成28年10月31日まで

・延長後の派遣期間：平成29年3月31日まで（5か月の延長）

○航空自衛隊の輸送部隊の経由地として、ラオス及びエチオピアを追加

3・関連リンク

・外部へのリンク：南スーダン国際平和協力業務実施計画の変更等について（首相官邸ページへ）

・外部へのリンク：派遣継続に関する基本的な考え方（PDF：156KB）

3　戦争法廃止、立憲主義回復のたたかい

3-1

衆法第七号
我が国及び国際社会の平和及び安全の確保に資するための自衛隊法等の一部を改正する法律を廃止する法律案
２０１６年２月19日提出

右の議案を提出する。
平成二十八年二月十九日

提出者
高木義明　石関貴史　穀田恵二　玉木デニー　照屋寛徳　大島敦　大串博志　後藤祐一　玉木雄一郎　緒方林太郎　青柳陽一郎　篠原豪　井出康生　高井崇志　太田和美　志位和夫　赤嶺政賢

賛成者
安住淳　阿部知子　赤松広隆　荒井聰　泉健太　枝野幸男　小川淳也　大西健介　大畠章宏　逢坂誠二　岡田克也　岡本充功　奥野総一郎　金子恵美　神山洋介　菅直人　吉良州司　黄川田徹　菊田真紀子　岸本周平　黒岩宇洋　玄葉光一郎　小宮山泰子　小山展弘　郡和子　近藤昭一　近藤洋介　佐々木隆博　階猛　篠原孝　鈴木克昌　鈴木貴子　田島一成　田嶋要　武正公一　津村啓介　辻元清美　寺田学　中島克仁　中根康浩　長島昭久　長妻昭　西村智奈美　野田佳彦　野間健　原口一博　伴野豊　平野博文　福島伸享　福田昭夫　吉本伸一郎　吉川元久　細野豪志　馬淵澄夫　前原誠司　松原仁　宮崎岳志　木村賢太郎　山尾志桜里　山井和則　柚木道義　横路孝弘　笠浩史　鷲尾英一郎　渡辺周　井坂信彦　今井雅人　江田憲司　落合貴之　柿沢未途　木内孝胤　坂本祐之輔　初鹿明博　牧義夫　升田世喜男　松田直久　松野頼久　水戸将史　横山博幸　池内さおり　梅村さえこ　大平喜信　笠井亮　斉藤和子　清水忠史　塩川鉄也　島津幸広　田村貴昭　高橋千鶴子　畑野君枝　畠山和也　藤野保史　堀内照文　真島省三　宮本徹　宮本岳志　木村伸子　小沢一郎　吉川元

我が国及び国際社会の平和及び安全の確保に資するための自衛隊法等の一部を改正する法律を廃止する法律

我が国及び国際社会の平和及び安全の確保に資するための自衛隊法等の一部を改正する法律（平成二十七年法律第七十六号）は、廃止する。

附　則

この法律は、公布の日から施行する。

理　由

我が国及び国際社会の平和及び安全の確保に資するための自衛隊法等の一部を改正する

法律を廃止する必要がある。これが、この法律案を提出する理由である。

3-2

衆法第八号
国際平和共同対処事態に際して我が国が実施する諸外国の軍隊等に対する協力支援活動等に関する法律を廃止する法律案
２０１６年２月19日提出

右の議案を提出する。
平成二十八年二月十九日
提出　17人（3―1　自衛隊法と同じく）
賛成者　99人（3―1　自衛隊法と同じく）

国際平和共同対処事態に際して我が国が実施する諸外国の軍隊等に対する協力支援活動等に関する法律を廃止する法律

国際平和共同対処事態に際して我が国が実施する諸外国の軍隊等に対する協力支援活動等に関する法律（平成二十七年法律第七十七号）は、廃止する。

附　則

この法律は、公布の日から施行する。

理　由

国際平和共同対処事態に際して我が国が実施する諸外国の軍隊等に対する協力支援活動等に関する法律を廃止する必要がある。これが、この法律案を提出する理由である。

3-3

民進党、日本共産党、社民党、生活の党の４野党が第１９０国会（２０１６年）に共同提出した15法案

衆議院

1・我が国及び国際社会の平和及び安全の確保に資するための自衛隊法等の一部を改正する法律を廃止する法律案
衆議院議案受理年月日　平成28年2月19日

2・国際平和共同対処事態に際して我が国が実施する諸外国の軍隊に対する協力支援活動等に関する法律を廃止する法律案
同　平成28年2月19日

3・介護・障害福祉従事者の人材確保に関する特別措置法案
同　平成28年3月2日

4・児童扶養手当法及び国民年金法の一部を改正する法律案
同　平成28年3月17日

5・保育等従業者の人材確保等に関する特別措置法案
同　平成28年3月24日

6・労働基準法の一部を改正する法律案
同　平成28年4月19日

7・畜産物の価格安定に関する法律及び独立行政法人農畜産業振興機構法の一部を改正する法律案
同　平成28年4月22日

8・民法の一部を改正する法律案
同　平成28年5月12日

9・性暴力被害者の支援に関する法律案
同　平成28年5月12日

10・被災者生活再建支援法の一部を改正する法律案
同　平成28年5月13日

11・性的指向又は性自認を理由とする差別の解消等の推進に関する法律案
同　平成28年5月27日

12・政治分野における男女共同参画の推進に関する法律案
同　平成28年5月30日

参議院

13・法人税法の一部を改正する法律案
同　平成28年3月18日

14・会社法の一部を改正する法律案
同　平成28年4月19日

15・金融商品取引法の一部を改正する法律案
同　平成28年5月2日

安保法制の廃止と立憲主義の回復を求める市民連合
設立趣意書

２０１５年12月20日

１・趣意

去る９月、安倍晋三政権は、集団的自衛権の行使を可能にするため憲法違反の安全保障法制を数の力で成立させた。これは、戦後日本の国民的合意である平和国家、専守防衛の国是を捨て去ろうとする暴挙である。

他方、安保法制に反対する様々な市民が自発的な運動を繰り広げ、世論に大きな影響を与えたことは、日本の民主政治の歴史上画期的な出来事であった。とはいえ、権力者による憲法の蹂躙を食い止めるためには、選挙によって傲慢な権力者を少数派に転落させる以外にはない。安保法制反対の運動に加わった人々から野党共闘を求める声が上がっているのも当然である。

しかし、安保法成立以後３カ月が経過したにもかかわらず、野党共闘の動きは結実していない。来年の参議院選挙で与党がやすやすと多数を維持するなら、多数派による立憲政治の破壊は一層加速し、憲法改正も日程に上るであろう。

日本の立憲主義と民主主義を守りたいと切望する市民にとって、もはや状況は座視できない。政党間の協議を見守るだけでは、自民党による一強状態を打破することはできない。今何より必要なことは、非自民の中身を具体的に定義し、野党共闘の理念と政策の軸を打ち立てる作業である。安保法制に反対した諸団体および市民が集まり、ここに安保法制廃止と立憲主義の回復を求める市民連合を設立する。

２・要綱

安保法制の廃止と立憲主義の回復を求める市民連合（略称：市民連合）

【理念】

立憲主義、民主主義、平和主義の擁護と再生は、誰もが自由で尊厳あるくらしをおくるための前提となるものである。私たち市民連合は、安全保障関連法を廃止、立憲主義を回復し、自由な個人が相互の尊重のうえに持続可能な政治経済社会を構築する政治と政策の実現を志向する。

【方針】

１・市民連合は、２０００万人署名を共通の基礎とし、

①安全保障関連法の廃止

②立憲主義の回復（集団的自衛権行使容認の閣議決定の撤回を含む）

③個人の尊厳を擁護する政治の実現

に向けた野党共闘を要求し、これらの課題についての公約を基準に、参議院選における候補者の推薦と支援をおこなう。

２・市民連合は、参議院選挙における１人区（32選挙区）すべてにおいて、野党が協議・調整によって候補者を１人に絞りこむことを要請する。候補者に関する協議・調整は、選挙区ごとの事情を勘案し、野党とともに必要に応じて市民団体が関与し、その調整によって「無所属」の候補者が擁立される場合も考えられる（無所属候補者は、当選後の議員活動について、市民連合や関与した市民団体との間に一定の協定を締結するものとする）。さらに、複数区の選挙区においても、先の三つの公約を確約した候補者については推薦し支援する。

３・市民連合は、個人の尊厳を擁護する政治の実現を目指し、

①格差・貧困の拡大や雇用の不安定化ではなく、公正な分配・再分配や労働条件にもとづく健全で持続可能な経済

②復古的な考えの押しつけを拒み、人権の尊重にもとづいたジェンダー平等や教育の実現

③マスコミや教育現場などにおける言論の自由の擁護

④沖縄の民意をふみにじる辺野古新基地建設の中止

⑤脱原発と再生可能エネルギーの振興
などのテーマにおいて政策志向を共有する候補者を重点的に支援していく。

4・市民連合は、「2000万人戦争法の廃止を求める統一署名」の共同呼びかけ29団体の個人有志、また市民連合の理念と方針に賛同する諸団体有志および個人によって組織し、各地域において野党（無所属）統一候補擁立を目指し活動している市民団体との連携をはかる。

2015年12月20日

安保法制の廃止と立憲主義の回復を求める市民連合・呼びかけ5団体有志

戦争させない・9条壊すな！総がかり行動実行委員会
有志：高田健、福山真劫、小田川義和

SEALDs（自由と民主主義のための学生緊急行動）
有志：奥田愛基、諏訪原健

安全保障関連法に反対する学者の会
有志：広渡清吾、佐藤学

立憲デモクラシーの会
有志：山口二郎、中野晃一、青井未帆

安保関連法に反対するママの会
有志：西郷南海子、町田ひろみ、長尾詩子

3-5

安保法制の廃止と立憲主義の回復を求める市民連合 協定書（基本バージョン）

安保法制の廃止と立憲主義の回復を求める市民連合（以下、市民連合）は、「立憲主義、民主主義、平和主義の擁護と再生は、誰もが自由で尊厳あるくらしをおくるための前提となるものである。私たち市民連合は、安全保障関連法を廃止、立憲主義を回復し、自由な個人が相互の尊重のうえに持続可能な政治経済社会を構築する政治と政策の実現を志向する」という理念の下、下記の3点を公約する候補を市民連合推薦候補として全力で支援を行います。

公約1　安全保障関連法の廃止
公約2　立憲主義の回復（集団的自衛権行使容認の閣議決定の撤回を含む）
公約3　個人の尊厳を擁護する政治の実現

なお、市民連合は、推薦候補に対し、公約3について、下記の政治志向の共有を要望します。

①格差・貧困の拡大や雇用の不安定ではなく、公正な分配・再配分や労働条件にもとづく健全で持続可能な経済
②復古的な考えの押しつけを拒み、人権の尊重にもとづいたジェンダー平等や教育の実現
③マスコミや教育現場などにおける言論の自由の擁護
④沖縄の民意をふみにじる辺野古新基地建設の中止
⑤脱原発と再生可能エネルギーの振興

安保法制の廃止と立憲主義の回復を求める市民連合

私は、市民連合の掲げる上記3点を2016年度参議院選挙において公約します。

市民連合の推薦を受け、当選したあかつきには、原則として任期満了まで特定政党に属さず、上記公約実現のため全力を挙げることを約束します。

年　月　日

氏名　　印

3-6

野党4党の政策に対する市民連合の要望書

2016年6月7日

来る参議院選挙において、以下の政策を掲げ、その実現に努めるよう野党4党に要望します。

Ⅰ　安全保障関連法の廃止と立憲主義の回復（集団的自衛権行使容認の閣議決定の撤回を含む）を実現すること、そのための最低限の前提として、参議院において与党および改憲勢力が3分の2の議席を獲得し、憲法改正へと動くことを何としても阻止することを望みます。

上記のⅠに加えて、市民連合は、個人の尊厳の擁護を実現する政治を求める市民連合として、以下のⅡをすべての野党が実現するよう要望します。

Ⅱ　すべての国民の個人の尊厳を無条件で尊重し、これまでの政策的支援からこぼれおちていた若者と女性も含めて、公正で持続可能な社会と経済をつくるための機会を保障することを望みます。

日本社会における格差は、もはや経済成長の阻害要因となっています。公正な分配・再分配や労働条件を実現し、格差や貧困を解消することこそが、生活者の購買力を高め、健全な需要を喚起し、持続可能な経済成長を可能にします。

誰もが自由で尊厳ある暮らしを送ることができる公正で健全な社会モデルへの転換を図るために、格差のひずみがとりわけ集中してきた若者や女性に対する差別の撤廃から、真っ先に着手していく必要があります。

1・子どもや若者が、人生のスタートで「格差の壁」に直面するようでは、日本の未来は描けません。格差を解消するために、以下の政策を実現することを望みます。

保育の質の向上と拡充、保育士の待遇の大幅改善、高校完全無償化、給付制奨学金・奨学金債務の減免、正規・非正規の均等待遇、同一価値労働同一賃金、最低賃金を1000円以上に引き上げ、若いカップル・家族のためのセーフティネットとしての公共住宅の拡大、公職選挙法の改正（被選挙権年齢の引き下げ、市民に開かれた選挙のための抜本的見直し）

2・女性が、個人としてリスペクト（尊重）される。いまどき当たり前だと思います。女性の尊厳と機会を保障するために、以下の政策を実現することを望みます。

女性に対する雇用差別の撤廃、男女賃金格差の是正、選択的夫婦別姓の実現、国と地方議会における議員の男女同数を目指すこと、包括的な性暴力禁止法と性暴力被害者支援法の制定

3・特権的な富裕層のためのマネーゲームではダメ、社会基盤が守られてこそ持続的な経済成長は可能になります。そのために、以下の政策を実現することを望みます。

貧困の解消、累進所得税、法人課税、資産課税のバランスの回復による公正な税制の実現（タックスヘイブン対策を含む）、今回のTPP合意反対、被災地復興支援、沖縄の民意を無視した辺野古新基地建設の中止、原発に依存しない社会の実現へ向けた地域分散型エネルギーの推進

２０１６年6月7日

私たちは、以上の政策の実現のために、参議院選挙での野党の勝利に向けて、各党とともに全力で戦います。

安保法制の廃止と立憲主義の回復を求める市民連合（呼びかけ5団体有志）

戦争させない・9条壊すな！総がかり行動実行委員会」
有志：高田健、福山真劫、小田川義和

SEALDs（自由と民主主義のための学生緊急行動）
有志：奥田愛基、諏訪原健

安全保障関連法に反対する学者の会
有志：広渡清吾、佐藤学

立憲デモクラシーの会
有志：山口二郎、中野晃一、青井未帆

安保関連法に反対するママの会
有志：西郷南海子、町田ひろみ、長尾詩子

上記要望を受け止め、参議院選挙勝利に向けて、ともに全力で戦います。

民進党代表　岡田克也
日本共産党委員長　志位和夫
社会民主党党首（吉田忠智）又市征治　※
※吉田党首からは後日ご署名いただきます。
生活の党と山本太郎となかまたち代表　小沢一郎

3-7

九条の会緊急記者会見アピール　安倍首相の九条明文改憲発言に抗議する

２０１６年２月８日
九条の会

安倍晋三首相は、２月３日と４日と５日の連日、衆議院予算委員会の審議において、戦力の不保持を定めた憲法９条２項の改定に言及しました。その際に、「７割の憲法学者が自衛隊に憲法違反の疑いをもっている状況をなくすべきだ」という逆立ちした我田引水の理屈や、「占領時代につくられた憲法で、時代にそぐわない」という相も変わらぬ「押しつけ憲法」論などを理由に挙げました。これらは、同首相が、憲法９条の意義を正面から否定する考えの持ち主であることを公言するものに他なりません。

昨年９月、政府・与党は、多くの国民の反対の声を押し切って、日本国憲法がよって立つ立憲主義をくつがえし、民主主義をかなぐり捨てて、９条の平和主義を破壊する戦争法（安保関連法）案の採決を強行しました。この時は、「集団的自衛権の限定行使は合憲」、「現行憲法の範囲内の法案」などと、従来の政府見解からも逸脱する答弁で逃げ回りました。ところが今度は、そうした解釈変更と法律制定による憲法破壊に加えて、明文改憲の主張を公然とするに至ったのです。それは、有事における首相の権限強化や国民の権利制限のための「緊急事態条項」創設の主張にも如実に現れています。

私たち九条の会は、自らの憲法尊重擁護義務をまったくわきまえないこうした一連の安倍首相の明文改憲発言に断固抗議します。２００７年、９条改憲を公言した第１次安倍政権を退陣に追い込んだ世論の高揚の再現をめざして、戦争法を廃止し、憲法９条を守りぬくこと、そのために、一人ひとりができる、あらゆる努力を、いますぐ始めることを訴えます。

3-8

憲法の恒久平和主義を堅持し、立憲主義・民主主義を回復するための宣言

２０１６年（平成28年）10月７日
日本弁護士連合会

今、この国の在り方すなわち憲法体制が、大きく変えられようとしている。

憲法９条に違反する平和安全法制整備法及び国際平和支援法（以下「安保法制」という。）が２０１５年９月19日に国会で採決され、２０１６年３月29日に施行された。これによって日本は、集団的自衛権を行使して他国の戦争に参加し、あるいは海外での他国の武力の行使と一体化する危険を免れないこととなった。

１９４５年、日本は、アジア・太平洋戦争の惨禍に対する痛切な反省に立ち、その惨禍をもたらした国家主義と軍国主義を排し、個人の尊厳に立脚して、主権が存する国民による全く新たな憲法体制を構築することとなった。そして制定された日本国憲法は、「政府の行為によって再び戦争の惨禍が起ることのないようにすることを決意し」、世界に先駆ける徹底した恒久平和主義を高らかに謳った。

戦後70年の日本の歴史において、憲法９条は、現実政治との間で深刻な緊張関係を強いられながらも、集団的自衛権の行使の禁止、海外における武力行使の禁止などの基本的な原則を内容とする法規範として、平和主義の基本原理を確保するための現実的な機能を果たしてきた。これによって日本は、国際社会の中で、平和国家としての一定の評価を得てきた。

ところが、この間、日本を取り巻く安全保障の環境が一層厳しさを増していることを理由に、特定秘密保護法の制定、国家安全保障

戦略の策定、武器輸出禁止原則の転換などが進められた上、解釈で憲法を改変し安保法制を整備するための閣議決定がなされ、これを受けて憲法に違反する安保法制が制定されるに至った。ここに、内閣及び国会によって立憲主義が踏みにじられ、同時に、憲法9条の上記法規範としての機能も損なわれることとなった。

しかも政府は、安保法制法案を国会に提出するよりも前に内容を先取りする新たな日米防衛協力のための指針を合意し、法案の国会審議においても、多くの専門家の違憲性の指摘や法案成立反対の多数世論にもかかわらず、また集団的自衛権の行使等を必要とする立法事実すらあいまいなまま、審議を十分に尽くすことなく、採決を強行した。その過程は、言論の府としての国会による代表民主制の機能を阻害するものであった。

そして安保法制が施行された今、この国は、政府の判断と行為によって、集団的自衛権が行使されることなどが、現実の問題として危惧される状況にある。しかも特定秘密保護法の下では、市民は、政府の判断の是非を検討するため必要な情報を十分に知らされず、事後的な検証すら保障されない。政府に対する監視にとって表現の自由の保障が不可欠であるが、政府・与党関係者がメディアの政治的公平性を問題視し、放送局の電波停止にまで言及する等、表現の自由への介入の動きも際立ってきている。

このような状況は、日本が戦後70年間にわたって憲法9条の下で培ってきたかけがえのない平和国家としての理念と実績を損ない、海外においても武力の行使ができる国となり、個人の尊厳と人権の尊重を基本とする憲法の価値体系が影響を受けて、国の基本的な在り方が変容させられてしまいかねないものである。

今ほど、立憲主義、民主主義、恒久平和主義という憲法的価値の真価が問われているときはない。そして、この憲法的価値の回復と実現は、基本的人権の擁護と社会正義の実現を使命とする弁護士からなる当連合会としての責務である。また、安保法制が制定・施行された現在、立憲主義の理念に基づいて権力の恣意的行使を制限し、法の支配を確保すべき司法の役割は大きく、その一翼を担う当連合会の果たすべき役割もまた重大である。

安保法制の立法化の過程においては、これに反対する広汎な世論が形成され、若者、母親、学者・文化人その他の各界各層が、自発的かつ主体的に言論、集会等の行動を通じて政治過程に参加する民主主義の大きな発露があった。このような新たな政治参加の動きは、安保法制が成立した後も途絶えることなく継続している。

今、この国の歴史の大きな岐路に立って、当連合会は、民主主義を担う市民とともに、立憲主義国家が破壊され、この国が再び戦争の破局へと向かうことの決してないよう、憲法の恒久平和主義を堅持し、損なわれた立憲主義と民主主義を回復するために、全力を挙げることをここに表明するものである。

以上のとおり宣言する。

4 現代版治安維持法である「共謀罪」を国会提出させない

4-1

1999年～2006年　「共謀罪」関連条文及び法案

組織的な犯罪の処罰及び犯罪収益の規制等に関する法律（1999年8月18日法律第136号）

（定義）

第二条　この法律において「団体」とは、共同の目的を有する多数人の継続的結合体であって、その目的又は意思を実現する行為の全部又は一部が組織（指揮命令に基づき、あらかじめ定められた任務の分担に従って構成員が一体として行動する人の結合体をいう。以下同じ。）により反復して行われるものをいう。

国際的な組織犯罪の防止に関する国際連合条約（2000年11月に国際連合総会で採択）

第二条　用語

この条約の適用上、

（a）「組織的な犯罪集団」とは、三人以上の者から成る組織された集団であって、一定の期間存在し、かつ、金銭的利益その他の物質的利益を直接又は間接に得るため一又は二以上の重大な犯罪又はこの条約に従って定められる犯罪を行うことを目的として一体として行動するものをいう。

（b）「重大な犯罪」とは、長期四年以上の自由を剥奪する刑又はこれより重い刑を科することができる犯罪を構成する行為をいう。

（c）「組織された集団」とは、犯罪の即時の実行のために偶然に形成されたものではない集団をいい、その構成員について正式に定められた役割、その構成員の継続性又は発達した構造を有しなくてもよい。

第五条　組織的な犯罪集団への参加の犯罪化

1　締約国は、故意に行われた次の行為を犯罪とするため、必要な立法その他の措置をとる。

（a）次の一方又は双方の行為（犯罪行為の未遂又は既遂に係る犯罪とは別個の犯罪とする。）

（i）金銭的利益その他の物質的利益を得ることに直接又は間接に関連する目的のため重大な犯罪を行うことを一又は二以上の者と合意することであって、国内法上求められるときは、その合意の参加者の一人による当該合意の内容を推進するための行為を伴い又は組織的な犯罪集団が関与するもの

（ii）組織的な犯罪集団の目的及び一般的な犯罪活動又は特定の犯罪を行う意図を

認識しながら、次の活動に積極的に参加する個人の行為

a　組織的な犯罪集団の犯罪活動

b　組織的な犯罪集団のその他の活動（当該個人が、自己の参加が当該犯罪集団の目的の達成に寄与することを知っているときに限る。）

（b）組織的な犯罪集団が関与する重大な犯罪の実行を組織し、指示し、幇助し、教唆し若しくは援助し又はこれについて相談すること。

2　1に規定する認識、故意、目的又は合意は、客観的な事実の状況により推認することができる。

3　1（a）（i）の規定に従って定められる犯罪に関し自国の国内法上組織的な犯罪集団の関与が求められる締約国は、その国内法が組織的な犯罪集団の関与するすべての重大な犯罪を適用の対象とすることを確保する。当該締約国及び1（a）（i）の規定に従って定められる犯罪に関し自国の国内法上合意の内容を推進するための行為が求められる締約国は、この条約の署名又は批准書、受諾書、承認書若しくは加入書の寄託の際に、国際連合事務総長にその旨を通報する。

犯罪の国際化および組織化に対処するための刑法等の一部を改正する法律【政府案】

２００３年第１５６回特別国会提出

（組織的な犯罪の共謀）

第六条の二　次の各号に掲げる罪に当たる行為で、団体の活動として、当該行為を実行するための組織により行われるものの遂行を共謀した者は、当該各号に定める刑に処する。ただし、実行に着手する前に自首した者は、その刑を減軽し、又は免除する。

一　死刑又は無期若しくは長期十年を超える懲役若しくは禁錮の刑が定められている罪　五年以下の懲役又は禁錮

二　長期四年以上十年以下の懲役又は禁錮の刑が定められている罪　二年以下の懲役又は禁錮

2　前項各号に掲げる罪に当たる行為で、第三条第二項に規定する目的で行われるものの遂行を共謀した者も、前項と同様とする。

犯罪の国際化及び組織化並びに情報処理の高度化に対処するための刑法等の一部を改正する法律案【政府案】

２００５年第１６３回特別国会提出

（組織的な犯罪の共謀）

第六条の二　次の各号に掲げる罪に当たる行為で、団体の活動として、当該行為を実行するための組織により行われるものの遂行を共謀した者は、当該各号に定める刑に処する。ただし、実行に着手する前に自首した者は、その刑を減軽し、又は免除する。

一　死刑又は無期若しくは長期十年を超える懲役若しくは禁錮の刑が定められている罪　五年以下の懲役又は禁錮

二　長期四年以上十年以下の懲役又は禁錮の刑が定められている罪　二年以下の懲役又は禁錮

2　前項各号に掲げる罪に当たる行為で、第三条第二項に規定する目的で行われるものの遂行を共謀した者も、前項と同様とする。

修正案【与党案】

２００６年４月21日国会提出

（組織的な犯罪の共謀）

第六条の二　次の各号に掲げる罪に当たる行為で、団体の活動（その共同の目的がこれらの罪又は別表第一に掲げる罪を実行することにある団体に係るものに限る。）として、当該行為を実行するための組織により行われるものの遂行を共謀した者は、その共謀をし

た者のいずれかによりその共謀に係る犯罪の実行に資する行為が行われた場合において、当該各号に定める刑に処する。

　ただし、実行に着手する前に自首した者は、その刑を減軽し、又は免除する。

一　死刑又は無期若しくは長期十年を超える懲役若しくは禁錮の刑が定められている罪　五年以下の懲役又は禁錮

二　長期四年以上十年以下の懲役又は禁錮の刑が定められている罪　二年以下の懲役又は禁錮

2　前項各号に掲げる罪に当たる行為で、第三条第二項に規定する目的で行われるものの遂行を共謀した者も、前項と同様とする。

3　前二項の規定の適用に当たっては、思想及び良心の自由を侵すようなことがあってはならず、かつ、団体の正当な活動を制限するようなことがあってはならない。

再修正案　【与党再修正案】
２００６年5月19日国会提出

第六条の二　次の各号に掲げる罪に当たる行為で、組織的な犯罪集団の活動（組織的な犯罪集団（団体のうち、その結合関係の基礎としての共同の目的が死刑若しくは無期若しくは長期五年以上の懲役若しくは禁錮の刑が定められている罪又は別表第一（第一号を除く。）に掲げる罪を実行することにある団体をいう。）の意思決定に基づく行為であって、その効果又はこれによる利益が当該組織的な犯罪集団に帰属するものをいう。）として、当該行為を実行するための組織により行われるものの遂行を共謀した者は、その共謀をした者のいずれかによりその共謀に係る犯罪の実行に必要な準備その他の行為が行われた場合において、当該各号に定める刑に処する。

　ただし、死刑又は無期若しくは長期五年以上の懲役若しくは禁錮の刑が定められている罪に係るものについては、実行に着手する前に自首した者は、その刑を減刑し、又は免除する。

一　死刑又は無期若しくは長期十年を超える懲役若しくは禁錮の刑が定められている罪　五年以下の懲役又は禁錮

二　長期四年以上十年以下の懲役又は禁錮の刑が定められている罪　二年以下の懲役又は禁錮

2　前項各号に掲げる罪に当たる行為で、第三条第二項に規定する目的で行われるものの遂行を共謀した者も、前項と同様とする。

3　前二項の規定の適用に当たっては、思想及び良心の自由並びに結社の自由その他日本国憲法の保障する国民の自由と権利を不当に制限するようなことがあってはならず、かつ、労働組合その他の団体の正当な活動を制限するようなことがあってはならない。

修正案　【民主党案】
２００６年4月27日国会提出

第六条の二　次の各号に掲げる罪に当たる行為（国際的な組織犯罪の防止に関する国際連合条約第三条2（a）から（d）までのいずれかの場合に係るものに限る。）で、組織的犯罪集団の活動（組織的犯罪集団（団体のうち、死刑若しくは無期若しくは長期五年を超える懲役若しくは禁錮の刑が定められている罪又は別表第一第二号から第五号までに掲げる罪を実行することを主たる目的又は活動とする団体をいう。次項において同じ。）の意思決定に基づく行為であって、その効果又はこれによる利益が当該組織的犯罪集団に帰属するものをいう。第七条の二において同じ。）として、当該行為を実行するための組織により行われるものの遂行を共謀した者は、その共謀をした者のいずれかがその共謀に係る犯罪の予備をした場合において、当該各号に定める刑に処する。

　ただし、死刑又は無期の懲役若しくは禁錮の刑が定められている罪については、実行に着手する前に自首した者は、その刑を減軽し、又は免除する。

一　死刑又は無期若しくは長期十年を超え

る懲役若しくは禁錮の刑が定められている罪　五年以下の懲役又は禁錮

二　長期五年を超え十年以下の懲役又は禁錮の刑が定められている罪　二年以下の懲役又は禁錮

2　前項各号に掲げる罪に当たる行為（国際的な組織犯罪の防止に関する国際連合条約第三条2（a）から（d）までのいずれかの場合に係るものに限る。）で、組織的犯罪集団に不正権益（組織的犯罪集団の威力に基づく一定の地域又は分野における支配力であって、当該組織的犯罪集団の構成員による犯罪その他の不正な行為により当該組織的犯罪集団又はその構成員が継続的に利益を得ることを容易にすべきものをいう。以下この項において同じ。）を得させ、又は組織的犯罪集団の不正権益を維持し、若しくは拡大する目的で行われるものの遂行を共謀した者も、前項と同様とする。

3　前二項の適用に当たっては、思想、信教、集会、結社、表現及び学問の自由並びに勤労者の団結し、及び団体行動をする権利その他日本国憲法の保障する国民の自由と権利を、不当に制限するようなことがあってはならず、かつ、会社、労働組合その他の団体の正当な活動を制限するようなことがあってはならない。

4-2

共謀罪　新法案
「テロ等組織犯罪準備罪」
（2016年8月報道）

（組織的犯罪集団に係る実行準備行為を伴う犯罪遂行の計画）

第六条の二　次の各号に掲げる罪に当たる行為で組織的犯罪集団（その結合関係の基礎としての共同の目的が死刑若しくは無期若しくは長期四年以上の懲役若しくは禁錮の刑が定められている罪又は別表第一（第一号を除く。）に掲げる罪を実行することにある団体をいう。次項において同じ。）の団体の活動として、当該行為を実行するための組織により行われるものの遂行を二人以上で計画した者は、その計画をした者のいずれかによりその計画に係る犯罪の実行のための資金又は物品の取得その他の当該犯罪の実行の準備行為が行われたときは、当該各号に定める刑に処する。

ただし、実行に着手する前に自首した者は、その刑を軽減し、又は免除する。

一　死刑又は無期若しくは長期十年を超える懲役若しくは禁錮の刑が定められている罪　五年以下の懲役又は禁錮

二　長期四年以上十年以下の懲役又は禁錮の刑が定められている罪　二年以下の懲役又は禁錮

2　前項各号に掲げる罪に当たる行為で、組織的犯罪集団に不正権益を得させ、又は組織的犯罪集団の不正権益を維持し、若しくは拡大する目的で行われるものの遂行を二人以上で計画した者も、その計画をした者のいずれかによりその計画に係る犯罪の実行のための資金又は物品の取得その他の当該犯罪の実行の準備行為が行われるときは、前項と同様とする。

4-3

いわゆる共謀罪法案の国会への提出に反対する会長声明

2016年（平成28年）8月31日
日本弁護士連合会 会長　中本　和洋

今般、政府は、2003年から2005年にかけて3回に渡り国会に提出し、当連合会や野党の強い反対で廃案となった共謀罪創設規定を含む法案について、「共謀罪」を「テロ等組織犯罪準備罪」と名称を改めて取りまとめ、今臨時国会に提出することを検討している旨報じられている。

政府が新たに提出する予定とされる法案（以下「提出予定新法案」という。）は、国連越境組織犯罪防止条約（以下「条約」という。）締結のための国内法整備として立案されたものであるが、その中では、「組織犯罪集団に係る実行準備行為を伴う犯罪遂行の計画罪」を新設し、その略称を「テロ等組織犯罪準備罪」とした。また、2003年の政府原案において、適用対象を単に「団体」としていたものを「組織的犯罪集団」とし、また、その定義について、「目的が4年以上の懲役・禁錮の罪を実行することにある団体」とした。さらに、犯罪の「遂行を2人以上で計画した者」を処罰することとし、その処罰に当たっては、計画をした誰かが、「犯罪の実行のための資金又は物品の取得その他の準備行為が行われたとき」という要件を付した。

しかし、「計画」とはやはり「犯罪の合意」にほかならず、共謀を処罰するという法案の法的性質は何ら変わっていない。また、「組織的犯罪集団」を明確に定義することは困難であり、「準備行為」についても、例えばATMからの預金引き出しなど、予備罪・準備罪における予備・準備行為より前の段階の危険性の乏しい行為を幅広く含み得るものであり、その適用範囲が十分に限定されたと見ることはできない。さらに、共謀罪の対象犯罪については、2007年にまとめられた自由民主党の小委員会案では、対象犯罪を約140から約200にまで絞り込んでいたが、提出予定新法案では、政府原案と同様に600以上の犯罪を対象に「テロ等組織犯罪準備罪」を作ることとしている。

他方で、民主党が2006年に提案し、一度は与党も了解した修正案では、犯罪の予備行為を要件としただけではなく、対象犯罪の越境性（国境を越えて実行される性格）を要件としていたところ、提出予定新法案は、越境性を要件としていない。条約上、越境性を要件とすることができるかどうかは当連合会と政府の間に意見の相違があるが、条約はそもそも越境組織犯罪を抑止することを目的としたものであり、共謀罪の対象犯罪を限定するためにも、越境性の要件を除外したものは認められるべきではない。

当連合会は、いわゆる第三次与党修正案について、我が国の刑事法体系の基本原則に矛盾し、基本的人権の保障と深刻な対立を引き起こすおそれが高く、共謀罪導入の根拠とされている、条約の締結のために、この導入は不可欠とは言えず、新たな立法を要するものではないことを明らかにした（2006年9月14日付け「共謀罪新設に関する意見書」）。また、条約は、経済的な組織犯罪を対象とするものであり、テロ対策とは本来無関係である。

そして、以上に見たとおり、提出予定新法案は、組織的犯罪集団の性格を定義し、準備行為を処罰の要件としたことによっても、処罰範囲は十分に限定されたものになっておらず、その他の問題点も是正されていない。

よって、当連合会は、提出予定新法案の国会への提出に反対する。

5 辺野古新基地建設反対 福岡高裁那覇支部判決・最高裁判決

5-1 地方自治法 251 条の 7 第 1 項の規定に基づく不作為の違法確認請求事件
福岡高裁那覇支部判決　判決骨子　(2016.9.16)

5-2 代執行訴訟和解勧告文　福岡高裁那覇支部 (2016.1.29)

5-3 双方が受諾した和解条項 (2016.3.4)

5-4 公有水面埋め立て承認取消処分執行停止決定の取消請求事件 (2016.2.10)

5-5 有識者共同声明　沖縄の人権・自治・環境・平和を侵害する不法な強権発動を直ちに中止せよ！ (2016.9.9)

5-6 辺野古訴訟　判決理由要旨　最高裁第二小法廷 (2016.12.20)

5-1

平成28年（行ケ）第3号

地方自治法251条の7第1項の規定に基づく不作為の違法確認請求事件

福岡高裁那覇支部判決
平成28年9月16日

判決骨子

1　事案の概要

本件は、原告が、被告に対し、普天間飛行場代替施設を辺野古沿岸域に建設するために受けていた公有水面埋立ての承認の取消しを取り消すよう求めた是正の指示に従わないのは違法であるとして、その不作為の違法の確認を求めた事案である。

2　当裁判所の判断

（1）知事が公有水面埋立承認処分を取り消すには、承認処分に裁量権の逸脱・濫用による違法があることを要し、その違法性の判断について知事に裁量は存しないので、取消処分の違法性を判断するに当たっては、承認処分の上記違法性の有無が審理対象となる。

（2）公有水面埋立法（以下、「法」という。）4条1項1号要件の審査対象に国防・外交上の事項は含まれるが、これらは地方自治法等に照らしても、国の本来的任務に属する事項であるから、国の判断に不合理な点がない限り尊重されるべきである。

（3）普天間飛行場の被害を除去するには本件埋立てを行うしかないこと、これにより県全体としては基地負担が軽減されることからすると、本件埋立てに伴う不利益や基地の整理縮小を求める沖縄の民意を考慮したとしても、法4条1項1号要件を欠くと認めるには至らない。

（4）承認時点では、十分な予測や対策を決定することが困難な場合は引き続き専門家の助言の下に対策を講じることも許されるなどの点に照らすと法4条1項2号要件を欠くと認めるには至らない。

（5）よって、承認処分における要件審査に裁量権の逸脱・濫用があるとは言えず、承認処分は違法であるとは言えない。仮に、承認処分の裁量権の範囲内であってもその要件を充足していないという不当があれば取り消せると解したとしても、承認処分に不当があると認めるには至らないし、仮に不当があるとしても、知事の裁量の範囲内で埋立ての必要を埋立てによる不利益が上回ったに過ぎず、承認を取り消すべき公益上の必要がそれを取り消すことによる不利益に比べて明らかに優越しているとはいえないなど、承認処分を取り消すことは許されない。よって、被告の取消処分は違法である。

（6）その他、被告がする是正の指示が違法であるとの主張は、その前提とする地方自治法の解釈が失当である。

（7）遅くとも本件訴え提起時には、是正の指示による措置を講じるのに相当の期間は経過しており、被告の不作為は違法となった。また、地方自治法の趣旨及び前件和解の趣旨から、被告は自ら是正の指示の取消訴訟を提起するべきであった。

以上

5-2

代執行訴訟和解勧告文

福岡高裁那覇支部
平成28年1月29日

現在は、沖縄対日本政府という対立の構図になっている。それは、その原因についてどちらがいい悪いという問題以前に、そうなってはいけないという意味で双方ともに反省すべきである。就中、平成11年地方自治法改正は、国と地方公共団体が、それぞれ独立の行政主体として役割を分担し、対等・協力の関係となることが期待されたものであるとが期待されたものである。このことは法定受託事務の処理において特に求められるものである。同改正の精神にも反する状況になっている。

本来あるべき姿としては、沖縄を含めオールジャパンで最善の解決策を合意して、米国に協力を求めるべきである。そうなれば、米国としても、大幅な改革を含めて積極的に協力をしようという契機となりうる。

そのようにならず、今後も裁判で争うとすると、仮に本件訴訟で国が勝ったとしても、さらに今後、埋立承認の撤回がされたり、設計変更に伴う変更承認が必要となったりすることが予想され、延々と法廷闘争が続く可能性があり、それらでも勝ち続ける保証はない。むしろ、後者については、知事の広範な裁量が認められて敗訴するリスクは高い。仮に国が勝ち続けるにしても、工事が相当程度遅延するであろう。他方、県が勝ったとしても、辺野古移設が唯一の解決策だと主張する国がそれ以外の方法はありえないとして、普天間飛行場の返還を求めないとしたら、沖縄だけで米国と交渉して普天間飛行場の返還を実現できるとは思えない。

そこで、以上の理由から、次のとおり和解案を2案提示する。まずは、A案を検討し、否である場合にB案を検討されたい。なお、A案B案ともアウトラインを示したものであり、手直しの余地はあるので、前向きな提案があれば考慮する。

A案　被告は埋立承認取消を取り消す。原告（国）は、新飛行場をその供用開始後30年以内に返還または軍民共用空港とすることを求める交渉を適切な時期に米国と開始する。返還等が実現した後は民間機用空港として国が運営する。原告（国）は、埋立工事及びその後の運用において、周辺環境保全に最大限の努力をし、生じた損害については速やかに賠償することとする。国は、普天間飛行場の早期返還に一層努力し、返還までの間は、特段の事情変更がない限り、普天間爆音訴訟一審判決（那覇地裁沖縄支部平成24年（ワ）第２９０号等）の基準（コンター図W75区域及びW80区域居住者につきそれぞれW75は一日１５０円、W80は３００円とするもの）に従って、任意に損害を賠償する。被告（県）は、原告（国）がこれらを遵守する限りにおいて埋立工事及びその後の運用に協力する。

B案　原告は、本件訴訟を、沖縄防衛局長は原告に対する行政不服審査法に基づく審査請求をそれぞれ取り下げる。沖縄防衛局長は、埋立工事を直ちに中止する。原告と被告は違法確認訴訟判決まで円満解決に向けた協議を行う。被告と原告は、違法確認訴訟判決後は、直ちに判決の結果に従い、それに沿った手続を実施することを相互に確約する。

以上

5-3

双方が受諾した「和解条項」

平成28年（２０１６年）3月4日

1　当庁平成27年（行ケ）第3号事件原告（以下「原告」という。）は同事件を、同平成28年（行ケ）第1号事件原告（以下「被告」という。）は同事件をそれぞれ取り下げ、各事件の被告は同取下げに同意する。

2　利害関係人沖縄防衛局長（以下「利害関係人」という。）は、被告に対する行政不服審査法に基づく審査請求（平成27年10月13日付け沖防第4514号）及び執行停止申立て（同第4515号）を取り下げる。

利害関係人は、理立工事を直ちに中止する。

3　原告は被告に対し、本件の埋立承認取消に対する地方自治法245条の7所定の是正の指示をし、被告は、これに不服があれば指示があった日から1週間以内に同法250条の13第1項所定の国地方係争処理委員会への審査申出を行う。

4　原告と被告は、同委員会に対し、迅速な審理判断がされるよう上申するとともに、両者は、同委員会が迅速な審理判断を行えるよう全面的に協力する。

5　同委員会が是正の指示を違法でないと判断した場合に、被告に不服があれば、被告は、審査結果の通知があった日から1週間以内に同法251条の5第1項1号所定の是正の指示の取消訴訟を提起する。

6　同委員会が是正の指示が違法であると判断した場合に、その勧告に定められた期間内に原告が勧告に応じた措置を取らないときは、被告は、その期間が経過した日から1週間以内に同法251条の5第1項4号所定の是正の指示の取消訴訟を提起する。

7　原告と被告は、是正の指示の取消訴訟の受訴裁判所が迅速な審理判断を行えるよう全面的に協力する。

8　原告及び利害関係人と被告は、是正の指示の取消訴訟判決確定まで普天間飛行場の返還及び本件埋立事業に関する円満解決に向けた協議を行う。

9　原告及び利害関係人と被告は、是正の指示の取消訴訟判決確定後は、直ちに、同判決に従い、同主文及びそれを導く理由の趣旨に沿った手続を実施するとともに、その後も同趣旨に従って互いに協力して誠実に対応することを相互に確約する。

10　訴訟費用及び和解費用は各自の負担とする。

5-4

平成28年（行ク）第2号　移送申立事件
本案事件・平成27年（行ウ）第28号

公有水面埋め立て承認取消処分執行停止決定の取消請求事件

平成28年2月10日
那覇地方裁判所民事第一部

決　定

当事者の表示　別紙当事者目録記載のとおり

主　文

本件移送申立てを却下する。

理　由

第1　申立ての趣旨及び理由

申立人は、本案事件を東京地方裁判所に移送するとの裁判を求め、その理由として、本案事件においては、国土交通大臣のした執行停止決定の適否に関する法的評価が争点となるところ、争点の判断に必要となる立法資料等は申立人の所在地である東京都に集中して存在しており、東京地方裁判所で審理を行う方が、証拠資料の収集の便宜や審理の円滑な遂行を図ることができ、当事者間の衡平にもかなうから、裁量移送により東京地方裁判所に移送すべきである（行政事件訴訟法（以下「行訴法」という。）7条、民事訴訟法17条）旨主張した。

これに対し、相手方は、当庁で審理を行ったとしても立法資料等を収集することに何らの支障もなく、かえって、本案事件において辺野古における埋立事業の性質に関する事実関係が問題となることや代理人の出廷の便宜等からすれば当庁で審理を行う方が適切である旨主張した。

第2　当裁判所の判断

1　一件記録によれば、次の事実が認められる。

（1）沖縄防衛局長は、平成25年3月22日、

当時の沖縄県知事仲井眞弘多に対し、沖縄県名護市辺野古崎周辺地区及びこれに隣接する水域（以下「辺野古地区」という。）における普天間飛行場代替施設及びその関連施設を建設するための埋立事業（以下「本件埋立事業」という。）について、公有水面埋立法（以下「埋立法」という。）42条1項に基づく承認の出願をし、同知事は、同年12月27日、本件埋立事業に係る埋立てを承認した（以下「本件承認」という。）。

（2）これに対し、相手方代表者知事翁長雄志は、平成27年10月13日、沖縄防衛局長に対し、本件承認には埋立法4条一項1号及び2号の各要件に適合しないにもかかわらず、これに適合するとした法的瑕疵があるとして、本件承認を取り消す処分（以下「本件取消処分」という。）をした。

（3）沖縄防衛局長が、同日、地方自治法255条2第1号に基づき、埋立法を所管する国土交通大臣に対し審査請求（以下「本件取消請求」という。）をするとともに、行政不服審査法34条3項及び4項に基づき本件取消処分の効力を停止するよう申し立てたところ、国土交通大臣は、同月27日、本件取消処分について、本件審査請求に対する裁決があるまでの間その効力を停止する旨の決定（以下「本件執行停止決定」という。）をした。

（4）相手方は、申立人を被告として、同年12月25日、当庁に対し、本件執行停止決定の取消しを求める訴訟（本件事案）を提起するとともに、本件執行停止決定の執行停止を求める申立てをした。

2（1）ア　本案事件は、本件執行停止決定が行訴法3条3項における「裁決」に該当するとして、その取消しを求めるものであり、その管轄は、行訴法12条に従って定まるところ、本件執行停止決定は、本件取消処分の効力を停止することにより、辺野古地区という特定の場所に係る本件承認の効力を維持するものというのであるから、同条2項にいう「特定の場所に係る裁決」に当たるものと解するのが相当である。したがって、本案事件は、行訴法12条2項により、辺野古地区の所在地を管轄する当庁の管轄に属するものと認められる。

イ　また、本案事件の被告は申立人である国であり、処分行政庁は国土交通大臣であるから、いずれによっても東京地方裁判所の管轄に属する（行訴法12条1項）のであり、したがって、申立人が移送先とする東京地方裁判所も、本案事件の管轄を有するものと認められる。

（2）そこで、本案事件を東京地方裁判所に移送すべきか否かについて検討する。

ア　申立人は、本案事件において、本件執行停止決定の適否について、申立人である国が固有の資格に基づいて本件承認を受けたか否かといった法的評価が争点となるから、埋立法、行政不服審査法及び地方自治法等関連法規の立法資料等が集中して存する東京都を管轄する東京地方裁判所において本案訴訟を審理すべき旨主張する。

しかし、本案事件において立法資料等を検討する必要があるとしても、書証を取り調べることで十分な審理を行うことができるものと考えられ、その提出にも特段の困難があるとは認められず、人証調べの必要も認め難いところである。

したがって、申立人の上記主張を採用することはできない。

イ　また、申立人は、行訴法12条1項の趣旨を被告の普通裁判籍の所在地を管轄する裁判所に管轄が認められるとの原則を確認したものと解した上で、本件において、原則として東京地方裁判所に管轄が認められるべき旨主張するが、同条一項ないし4項によって複数の競合する管轄が認められる場合、同条1項に基づき認められる管轄が他に優先すべき法文上の根拠は存しないのであり、申立人の上記主張も採用することができない。

ウ　そして、他に、本案事件を東京地方裁判所に移送することが訴訟の著しい遅滞を避け、当事者間の衡平を図るために必要であると認めるべき根拠は見出せない。

第3　結論

以上によれば、申立人の本件移送申立ては理由がないから、これを却下すべきである。

よって、主文のとおり決定する。

平成28年2月10日

那覇地方裁判所民事第1部

裁判長裁判官　鈴木　博

裁判官　宮崎　陽介

裁判官　中町　翔

5-5

有識者共同声明

沖縄の人権・自治・環境・平和を侵害する不法な強権発動を直ちに中止せよ！

２０１６年９月９日

私たちは、沖縄の辺野古米軍基地建設をめぐる問題に重大な関心を寄せ、昨年（２０１５年）４月１日付けで「〈緊急声明〉辺野古米軍基地建設に向けた埋立工事の即時中止を要請する！」を公表し、全国から寄せられた８０００名を超える賛同署名と併せて、同年４月27日、内閣府に直接提出した。以来、1年以上が経過しているが、その後も安倍政権は、私たちの要請を完全に無視したまま、辺野古米軍基地建設に向けた強権的な対応を取り続けている。

他方、今年６月の沖縄県議会選挙、さらには７月の参議院選挙において、辺野古米軍基地建設に強く反対する沖縄県民の総意が、再三にわたり、きわめて明確な形で示されている。とりわけ参議院選挙における沖縄選挙区では、辺野古米軍基地建設に反対する候補が大差で当選し、沖縄担当の現職大臣を落選させた。これで、衆参両院とも沖縄の選挙区選出での辺野古基地建設賛成議員は一人もいなくなった。名護市長選挙、沖縄県知事選挙の結果とも合わせ、沖縄県民の意思は、これ以上明らかにしようがないほど、明らかである。

にもかかわらず、参議院選挙の直後、安倍政権は、県外からの機動隊５００人を投入して、米軍北部訓練場がある東村高江でのヘリパッド（オスプレイ着陸帯）建設工事の再開を強行し始めた。高江は人口１５０名ほどの小さな集落で、既設の２ヶ所を含め、６カ所ものヘリパッドに囲まれることになるため、地元では粘り強い反対運動が展開されてきたところである。すでに完成したN４というヘリパッドには頻繁にオスプレイが飛来して低空飛行が繰り返され、夜間の10時過ぎにも実施される飛行訓練によって地元住民の安眠が奪われ、暮らしが脅かされている。加えて、生活道路である県道70号の封鎖、反対運動のテント撤去、立木無許可伐採、金網設置などが矢継ぎ早に強行され、あたかも「緊急事態条項」を先取りする無法な工事が強権的に進められている。高江の工事は、辺野古基地建設と同じく、１９９６年の日米SACO合意での北部訓練場返還に伴い計画されたものだが、東村議会、沖縄県議会の反対決議にもかかわらず強行されたことは、「地方創生」といいながら地方自治を無視する安倍政権の尊大な態度を鮮明に表しており、辺野古工事強行への布石ともとれる。こうした態度と行為は、沖縄県民が示した明瞭な意思を無視し、それに挑戦し、侮辱するものである。およそ民主主義にもとづく法治国家にあるまじき強権発動だといわざるをえない。

私たちは、日本およびアジアの未来にかかわる重大な問題として、この間の事態を深刻に憂慮している。とりわけ、以下に述べる４つの観点から、沖縄に対する安倍政権の強権発動に強く抗議し、このような対応を直ちに中止することを求め、ここに、改めて〈有識者共同声明〉を公表するものである。

1・これ以上、基本的人権の蹂躙を続けさせてはならない

（1）沖縄では、１９７２年の日本復帰以降に限っても、米軍基地関係者による刑法犯罪事件が６０００件近くも多発してきた。こ

れに追い討ちをかけるように、去る２０１６年5月、米軍属による残虐な女性暴行殺人事件が新たに発覚した。米軍基地の存在が、沖縄の人々の安全と基本的人権を脅かしている。翌6月19日には、那覇市内で県民大会が開かれ、6万５０００人もの人々が集まり、今後、このような痛ましい事件がなおも引き起されることがないよう、強く抗議している。

（2）この間、辺野古米軍基地建設反対、および、高江へリパッド建設反対の抗議行動を行う市民に対しても、県外から動員された機動隊員による強圧的な排除行為によって多数の怪我人が続出している。これ以上、こうした沖縄での基本的人権の乱暴な蹂躙を続けさせてはならない。

2・沖縄の自治と自立の侵害は許されない

（1）２０１５年10月13日、翁長沖縄県知事は、「第三者委員会」による検証結果報告書を受けて、「公有水面埋立法」にもとづく仲井真前知事による辺野古埋立承認の取消しを発表した。これは、同法および「地方自治法」にもとづく翁長県知事の当然の権限行使である。ところが、これに対し、防衛省沖縄防衛局が「私人」になりすまして「行政不服審査法」にもとづく「承認取消し」の取消しを求める審査請求、および、「承認取消し」の効力を止める執行停止の申立てを行い、国土交通大臣が即座に執行停止を決定するという異例の事態になった。その後、国と県が争う3つの訴訟と「国地方係争処理委員会」を舞台とした攻防が続いてきたが、一時的な和解・協議のあと、去る7月22日、安倍政権は、さらに翁長沖縄県知事を相手取って違法確認訴訟を起こすに至っている。この判決が9月16日に予定されているが、裁判所には、戦後憲法で保障された地方自治の本旨、および、国と地方の対等な関係と国による違法・不当な関与に対する地方の不服争訟権を明示した１９９９年の「地方自治法」改正の主旨を踏まえた適正な判断が求められている。

（2）去る8月3日に安倍政権の第3次改造内閣が発足したが、その後の記者会見で、続投となった菅官房長官は「基地問題の進捗が沖縄関係予算に影響する」と述べ、新たに沖縄担当となった鶴保大臣もそれに同調する発言を行った。これは、いわゆる「リンク論」だが、地方自治と地域の自立的発展を保障すべき財政規律を根幹から揺るがすものである。ちなみに「沖縄振興法」では「沖縄の自主性を尊重しつつ総合的かつ計画的な振興を図る」とされており、同法の趣旨にも反する暴言である。

3・貴重な自然環境を破壊してはならない

（1）辺野古米軍基地建設に向けて埋立が進められようとしている辺野古岬・大浦湾は、沖縄県の環境保全指針で「自然環境の厳正なる保護を図る区域」（ランクI）とされ、ジュゴンをはじめ絶滅の恐れがある多様な生物種が生息する海域であり、世界自然遺産の候補にもなっている。ちなみに、すでに世界自然遺産となっている知床で確認されている生物は約４２００種であるのに対し、辺野古岬・大浦湾で確認されている生物は絶滅危惧種２６２種を含む５８００種以上である。国際自然保護連合（IUCN）は２０００年ヨルダンのアンマンで開いた世界自然保護会議で、「沖縄島およびその周辺のジュゴン、ノグチゲラ、ヤンバルクイナの保全」勧告を採択している。このようなかけがえのない貴重な自然環境は後世に残すべきものであり、無謀に破壊する愚行を絶対に許すことはできない。

（2）へリパッド建設工事が強行されている東村高江は、「やんばるの森」の一角にあり、沖縄島北部の国頭山地に広がる亜熱帯の豊かな自然環境を有している。そこには、ヤンバルクイナをはじめ、琉球列島にのみ生息し進化してきた固有種が多数見られ、独特の自然生態系が形成され、生物多様性の保全においてもきわめて重要な地域である。このような貴重な自然環境を破壊する愚行は、直ちに中止すべきである。

（3）上記の埋立工事と建設工事に関する

「環境アセスメント」は、きわめて杜撰な手続きにもとづく「欠陥アセス」であり、到底、正当なものとは認めがたい。本来の適正な手続きにもとづく環境アセスメントのやり直しが不可欠であり、少なくともそれ以前には、すべての工事を中止するのが当然である。

4・沖縄、日本、アジアの平和を脅かしてはならない

（1）現在、日米安全保障条約にもとづく在日米軍基地の74％が、国土面積の0・6％にすぎない沖縄に集中している。しかも、その7割が海兵隊の基地である。なぜ、沖縄に海兵隊を集中させる必要があるのか。これまで日本政府は「抑止力」「地理的優位」「一体的運用」などを根拠に挙げてきたが、それらはいずれも説得力に欠ける。実際、2012年12月、当時の森本敏防衛大臣は、退任時の記者会見で、「（普天間の移設先は）軍事的には沖縄でなくても良い」と発言している。

（2）辺野古米軍基地建設、および、高江ヘリパッド建設は、世界一危険な普天間飛行場の代替移設や米軍北部訓練場の一部返還に伴う再編等を建前としている。だが、実態的には、沖縄での米軍基地の一層の増強と永久固定化が進みつつある。こうした在日米軍基地強化の動きは、沖縄、日本、そしてアジアにおける軍事的な緊張をさらに高め、私たちが強く求めている平和を根底から脅かすものとなる。これからの21世紀には、戦争放棄を掲げた戦後日本の平和憲法の原点に立ち返り、在日米軍基地の縮小、とくに沖縄での過重な基地負担の根本的な解消に向けた国民的な議論と合意づくりを早急に推し進め、沖縄県民の意を対してアメリカ政府と交渉していくことが求められている。

〈有識者共同声明〉への賛同呼びかけ人
（連名）（計171名、2016年9月8日現在）

5-6

辺野古訴訟　判決理由要旨

最高裁第二小法廷
2016年12月20日

■埋め立て承認取り消しの適否

裁判所は承認時の事情に照らし、沖縄県の前知事の決定に法律違反が認められるかで判断すべきだ。

埋め立ては、普天間飛行場の代替施設を設置するために実施されるものだ。前知事は同飛行場の使用状況や日米間の交渉経過を踏まえ、同飛行場の周辺住民の生活に騒音被害などの深刻な影響が生じており、同飛行場の危険性の除去は喫緊の課題であるとした。

その上で、辺野古施設で施設面積が相当程度縮小されること、沿岸を埋め立て、滑走路の延長線上を海域とすることで航空機が住宅地の上空を飛行するのを回避できること、新施設はすでに米軍に提供されているキャンプ・シュワブの一部を利用して設置されることなどに照らし、埋め立ての規模や位置は適正で、合理的と判断した。

前知事の判断が事実の基礎を欠くとか、社会通念に照らして明らかに妥当性を欠くという事情は認められない。前知事の判断に違法は認められない。

埋め立てが法律に適合するとした都道府県知事の判断が違法かを裁判所が審査するにあたっては、専門技術的な知見に基づく判断に不合理な点があるかという観点で行われるべきだ。

今回、沖縄県の審査基準には特段不合理な点はない。前知事は関係市町村長や関係機関、沖縄防衛局からの回答内容を踏まえた上で、この埋め立てが法律に適合するかを専門技術的な知見に基づき審査している。

その結果、護岸などの施工、埋め立て用土砂の性質への対応、土砂の採取、運搬、投入などで現段階で採り得る工法、環境保全措置が講じられ、災害防止も十分配慮されているとして、法律に適合すると判断している。その過程や判断内容に特段不合理な点はなく、前知事の判断に違法はない。

そうすると、埋め立て承認に違法がないのに、「違法だ」として現知事が取り消したの

は、違法だと言わざるを得ない。

■国の是正指示

地方自治法によれば、国の各大臣は、その所管する法律や政令にかかわる都道府県の法定受託事務の処理が、法令に違反していると認める場合、是正指示できる。今回の埋め立て承認の取り消しは法令に違反しており、国は沖縄県に是正に必要な指示をできる。今回の指示は適法で、現知事は承認取り消しを取り消す義務を負う。

■是正指示への現知事の対応

国が2015年11月に起こした裁判も埋め立て承認の取り消しの適否が問題だったことなどからも、是正指示から1週間たった時点で、相当の期間が経過したと認められる。

指示に対する措置を講じないことが許される根拠も現知事に見いだしがたく、承認取り消しを取り消さないのは違法と言わざるを得ない。現知事が国に協議の申し入れをした事実は、この結論に影響しない。

6 はね返そう！　教育に対する攻撃

6-1　文部科学省中央教育審議会「道徳に係る教育課程の改善等について（答申）」に対する意見書（2014.12.18）

6-2　18歳選挙権年齢引き下げに関する意見　全国高等学校PTA連合会（2015.9.30）

6-3　自民党　学校教育における政治的中立性についての実態調査（2016.7）

6-4　国民に「密告」を求め、教育へ不当に介入する「自民党『学校教育における政治的中立性ついての実態調査』の即時中止を求める　全教書記長談話（2018.7.19）

6-5　神奈川県警青葉警察署による教育への不当な干渉とこれを黙認する神奈川県教育委員会に抗議する声明　自由法曹団神奈川支部（2016.9.9）

6-1

文部科学省中央教育審議会「道徳に係る教育課程の改善等について（答申）」に対する意見書

2014年12月18日
日本弁護士連合会

本意見書について

当連合会は、2014年12月18日に本件について意見を取りまとめ、12月26日に文部科学大臣へ提出いたしました。

本意見書の趣旨

文部科学省中央教育審議会が、2014年10月21日に行った、①道徳の時間を「特別の教科　道徳」として位置付けること、②「特別の教科　道徳」の教材として検定教科書を導入することが妥当であること、③道徳教育の評価の方法について改善を図ること、④道徳教育の抜本的充実のために各教員への研修の充実や道徳教育専門の教員免許状制度、大学の教員養成課程における改善・充実を図ること、などを内容とする「道徳に係る教育課程の改善等について」と題する答申（以下「本答申」という。）の第2項「道徳に係る教育課程の改善方策」及び第3項「その他改善が求められる事項」は、国家が肯定する特定の価値観を児童生徒に強制する結果になる危険性があり、ひいては、憲法、子どもの権利条約が保障する個人の尊厳、思想良心の自由、意見表明権等を侵害するおそれがある。したがって、文部科学省は、本答申に基づいて学校教育法施行規則や学習指導要領の改訂作業を行うべきではない。

6-2

18歳選挙権年齢引き下げに関する意見

平成27年9月30日
一般社団法人全国高等学校PTA連合会
会長　佐野元彦

1　基本認識

（1）制度改革について

今回の選挙権年齢の引き下げは、我が国において本格的に主権者教育を推進する転機となる画期的な政策であり、若者の政治参加を促す起爆剤として本会も大いに歓迎し期待するものである。また、全国のPTA活動に新たな公共的使命を与えるものとして受けとめ、大いに責任を感じている。

（2）昭和44年の通達について

当時の高校生・大学生の過激な政治行動を抑制し、学校における政治的中立性を確保するためには止むを得ない措置であった。一方、そのような過激な政治行動が発生した背景には言うまでもなく当時の緊張した政治状況と大学紛争があるが、看過してはならないことは、当時において十全な主権者教育がなされてはいなかったという問題である。

（3）通達後の主権者教育について

通達以降、主権者教育は後退の一途をたどった。行政も学校・教員も政治的中立性を意識するあまり、学校における政治的教養の陶冶という優先的課題を事実上封印してしまった。つまり、主権者教育の責任は政治経済・現代社会、公民など一部の教科・科目の役割に矮小化され、3年間総計しても実質1～2単位程度の履修時間で細々と行われてきたにすぎないのである。この結果、日本国民の多くは現在まで半世紀近くにわたって、政治的教養の基礎となる一部の限定的な知識を習得するだけで有権者となってきたのであり、いわば政治的教養の貧困な有権者が大量に生み出されてきたのである。この歴史こそが「民主主義の危機」と喧伝される今日の状況をもたらした主因ではないだろうか。

（4）政治的活動の現況と今後について

半世紀近い政治的活動の制限の結果、現在の学校においては高校生や教員の政治的活動という表現形式や文化が存在しないと言っても過言ではない。生徒も教員も自身の政治的行動は勿論、政治的信条を表出することには極めて抑制的であり、その点では学校に政治的な文化風土そのものが存在しないともいえる。時代状況も大きく変わり、高校生にとって昭和44年当時の大学生のような政治的行動モデルも存在しないに等しい。また一部を除いて学校にも教員一般にも「政治的教養の陶冶」という視点自体が欠落している。従って、選挙権年齢の引下げによって高校生や教員の政治的行動が俄かに活発化するとは考えにくい。仮に活発化したとしても、それが学校における政治的な過激行動につながるとは想像しにくい。むしろ、今後の体系的な主権者教育の拡充により、生徒・教員が今まで以上に政治的中立性を強く意識するようになり、政治的な活動には慎重な態度を保持するものと思われる。周囲も個人の政治活動には敏感になり、その過激な政治行動を厳に許さない風潮が醸成されるものと想定される。

（5）主権者教育における連続性について

義務教育段階での主権者教育を前提にしても、わずか2年余りで有権者になる総仕上げをしなければならない。つまり入学時から彼らに対して体系的で手厚い主権者教育を施す必要がある。その際、教育の連続性や基本的人権の普遍性に照らせば、選挙権以外の政治的権利は高校生すべてに一律保障すべきであると考える。同時に高校生と大人との間にも権利上の差別があってはならない。高校生だからという理由で高校生の政治的権利・政治活動を制限することは論理的根拠を持たないであろう。選挙権が付与された時点で、私たち大人は高校生を同格の政治的仲間として迎えたのであり、彼らを「未熟な若者」として見下したり、保護と引き換えに権利を抑制したりすることは許されない。今後は高校生に対する大人の抑制的な姿勢そのものが高校生の批判にさらされることは覚悟した方がよいだろう。

(6) 主権者教育の担い手について

残念ながら現在の高校教育は様々な教育課題への対応に迫られ、学校も教職員も疲弊しきっている。週5日制移行後は学習時間も削減され、新たな課題に対応するにはカリキュラム上にもゆとりがない。従って、主権者教育を学校の責任だけに帰するのは酷であり、むしろ学校外の社会が主権者教育の実質的責任を負うべきものと考える。国・地方自治体の責任は当然としても、さらに今後は「地域*」がその重要なプレーヤーになるべきである。つまり、学校が基礎とコアの学習プログラムを用意し、地域が実践的な探究と訓練を受け持つような姿が想定される。この点に私たちＰＴＡ（学校ＰＴＡと各連合会）の引きうける役割があると考える。（*「地域」の規模や範囲については別の機会に提起したい。）

(7) 大人への主権者教育について

選挙権年齢の引き下げは高校生に対する主権者教育の契機となるだけでなく、遅ればせながらも国民一般に対する教育の絶好の機会となる。高校生だけではなく、大人にも主権者教育が必要なのであり、その政治的教養の質的向上こそが高校生に対する主権者教育の成否を握る。大人自身が学ぶことにより主権者教育の土壌が豊かになり、それが子どもの教育を支え、牽引する力となるはずである。そして、大人と子どもが共に学び、互いに高め合うことで大きな成果が生まれるだろう。そのいわば教育的チャレンジが現下の喫緊の課題である高校教育改革、大学教育改革の突破口にもなるものと期待される。

2 主権者教育の充実に関して

(1) 大人の政治的態度

大人が高校生に対して単一の価値観をもって政治的信条を主張したり、特定の政党の立場から主義主張を行ったりすることは政治的教化であって、主権者教育とは異なるものである。この点、大人は十分に心しておく必要がある。さらに、自己の主義主張と対立的な意見も合わせて提示する姿勢と度量を持たない限り、学習を積んだ高校生の批判に堪えられない可能性がある。様々な論争的課題に対して多面的な考察と多様な解答がありうることを大人が提示しなければ、高校生から尊敬されることはないだろう。主権者教育が定着するということはそういう緊張感が日常化するということであり、大人自身が現実の社会を多面的にそして深く考究する態度が求められるのである。大人たちの政治的教養が厳しく問われる時代になったともいえよう。

(2) 論争的問題へのアプローチ

主権者教育は有権者の実際の政治的行動を促すものであるから、教育の方法論としては実際的な課題、問題を題材にして多面的に考察させる方法が効果的である。いわゆる論争的問題の教育である。これは知識習得に傾斜しすぎた日本の初等中等教育を是正するための突破口となる方法論であり、今後の学校教育のみならず社会全体で意識し追求すべき方法である。生徒を信じ、生徒自身にしっかりと政治・社会・経済など現実の諸問題を考究させる姿勢と度量が社会全体に求められている。

(3) 学校への期待

1）各学校では主権者教育を学校全体の教育活動を貫く基本原理とし、教育目標に明確に位置づけていただきたい。

2）カリキュラム内で位置づけは、公民科と「総合的な学習の時間」を中核として教科横断的なプラットフォームを設け、他のすべての教科・科目の乗り入れを可能にする取組みを推進していただきたい。

3）公民科のみならず、すべての教科・科目で主権者教育に向けた教材開発や教授法開発に努めていただきたいし、それは可能であると思う。一見関係なさそうに思える「数学」でも論理的能力を練磨する素材には事欠かないだろう。例えば「多数決」の功罪・長短について理解するために有効な「論理パラドックス」の分野があり、その教材化が待たれる。

4） このようなカリキュラム開発に関しては、各都道府県にある国立大学教育学部を中心とする大学の協力・支援が不可欠である。また、学校と教育委員会との創造的連携も欠かせない。神奈川県など先行的な優れた実践例があるので、関係者は積極的にそれらをモデルとして活用していただきたい。

（4） 地域の役割とPTAの責務

高校におけるカリキュラム整備とならんで、学校・地域・自治体とそれを接合するPTAが独自の主権者教育プログラムを開発することが期待される。大人自身が子どもたちに対する教育の責任者であることを自覚するとともに、大人自身が高校生と共に学ぶ姿勢が重要である。そのような互いに学び合うような教育プログラムを地域ごとの取組みに発展させることが期待される。この点で、各地のPTA連合会がその仕掛け人となって動くことが可能である。所属する会員には法曹関係者、自治体関係者も含め、多種多様な職業人が含まれているから、その連携協力によるプログラム開発が可能である。これを自治体や選挙管理委員会など公的機関がサポートすることによって中立性を担保した責任ある教育プログラムが成立するだろう。文部科学省にはそのモデル開発を牽引していただきたい。

（5） 社会全体への役割

1） 国や自治体は主権者教育に関わる副教材を早急に制作してすべての高校生に配布してほしい。特に論争的問題に切込むためにディベートその他の討論手法に関する教材の作成と供給が急務である。

2） 特に来年実施の参議院議員選挙に向けては早急に「公職選挙法」を現在の高校2年生に周知徹底すべきである。これは学校だけではなく、地方自治体・選挙管理委員会の責任で行うことであるが、国・自治体はそのために必要な予算措置を惜しんではならない。

3） 高校生に強い影響力のあるマスコミは、政治的に多様な意見を広く公平に提供する責任がある。報道番組や政治的討論番組等においては、多様な論者を幅広く出演させるなど、くれぐれも特定の党派・言説に偏向することのないよう努めてほしい。

4） とりわけ、国ならびに地方自治体における議員などの政治家あるいは政治活動家は、常に高校生や子どもたちの知的眼差しを意識して節度と教養ある言動を心掛け、政治に夢と希望を与える存在となってほしい。

3 学校における政治的中立の確保および「昭和44年通達」に関して

（1） 学校における政治的中立の徹底的な確保に関しては、上記の基本認識「1－（4）・（5）」に示したような考えから、高校生の政治活動制限に関する新たな規制や法的措置は不要であると考える。主権者教育が定着していけば、高校生の政治的教養が深まるから、かえって安易で軽率な政治行動はとりにくくなるはずである。それこそ主権者教育の到達点といえるであろう。あらかじめその到達点を値引きする態度は、主権者教育の趣旨と矛盾すると言わざるを得ない。また、今日の社会情勢や高校生・大学生の状況に鑑みても規制の必要あるとは思えない。むしろ政治的中立性が損なわれないように見守ることが大人の役割である。まさに周囲の大人の政治的教養そのものが問われるのである。

万が一にも高校生の政治活動が活発化して逸脱や過剰な行動の恐れある時は学校、地域、行政がしっかり連携して総がかりで介入すればよい。学校の教員についても同様であり、現行の法制以上に新たな規制法令を用意することは教員の指導意欲をそぐとともに、指導内容の貧困を招くのではないかと危惧される。

（2） 昭和44年通達は当時の政治的社会的状況の必要から策定されものであり、半世紀の間十分に効力を発揮してきた。しかし、今回の公職選挙法の改正により、その歴史的使命は終了した。実際、通達の全文が現在の政治社会状況には全くなじまない。また通達別添の「第１　高等学校教育と政治的教養　－１－（２）、（３）」・「第４　高等学校生徒の政治的活動」は18歳選挙権および主権者教育の趣旨にそぐわない。さらに「第３　政治的教養の教育に関する指導上の留意事項」はそのまま学習指導要領に組み込むべき性格のものである。以上の観点から、本通達を即時廃止するとともに、今回の選挙法改正を踏まえた新たな指針を策定すべきである。

４　最後に

日本国民は、国民として市民として公民として、政治的教養の陶冶をあまりにもないがしろにしてきた。長い間、主権者教育という意識さえ一部の学校関係者以外には存在しなかった。今後の主権者教育の前途には様々な課題があって試行錯誤の連続となるであろうが、必ず上手くいくものと信じている。なぜなら、高校生が強い知的好奇心と柔軟な思考力を持ち、純粋な正義感に満ちているからであり、彼らを信じて粘り強く教育を継続することによって高校生の政治的教養が飛躍的に高まることは疑いない。従って、彼らに対して敬意を持って遇することが大切である。大人の不合理で抑圧的な態度や言説こそ若者の反発や社会の不安定を招く要因となる。私たち大人は過剰な介入や抑制を避け、理性と知性と経験によって高校生を導かなければならない。このことを肝に銘じておきたいものである。

今回の選挙権年齢の引下げは、瓢箪から駒のように実現したが、狙い通りに若者の政治参加を促す起爆剤になることかどうかは予断を許さない。その成否の鍵は大人が握っている。すなわち大人がこれまでの主権者としての自分自身を振り返り、若者に寄り添って共に学び直す姿勢があるかないかにかかっている。私たち高校ＰＴＡ団体もかつてない重い課題に直面している訳であり、覚悟して取り組まなければならないと思う。実際それだけの価値あることでもある。もしかするとＰＴＡ活動の在り方にも変革をもたらす可能性さえ秘めているように思われる。関係の皆様とともに協力し合って学習、研究、実践に努めたい。

6-3

自民党
学校教育における政治的中立性についての実態調査

党文部科学部会では学校教育における政治的中立性の徹底的な確保等を求める提言を取りまとめ、不偏不党の教育を求めているところですが、教育現場の中には「教育の政治的中立はありえない」、あるいは「子供たちを戦場に送るな」と主張し中立性を逸脱した教育を行う先生方がいることも事実です。

学校現場における主権者教育が重要な意味を持つ中、偏向した教育が行われることで、生徒の多面的多角的な視点を失わせてしまう恐れがあり、高校等で行われる模擬投票等で意図的に政治色の強い偏向教育を行うことで、特定のイデオロギーに染まった結論が導き出されることをわが党は危惧しています。

そこで、この度、学校教育における政治的中立性についての実態調査を実施することといたしました。皆さまのご協力をお願いいたします。

性　名

フリガナ

性別

年齢

職業

勤務先・学校名（教職員の場合のみ）

連絡先電話番号

連絡先ＦＡＸ番号

連絡先のご住所

E-mail

※以下、政治的中立を逸脱するような不適切な事例を具体的（いつ、どこで、だれが、何を、どのように）に記入してください。

政治的中立を逸脱するような不適切な事例※

フォームの入力情報は暗号化（ＳＳＬ）され送信されます。ＳＳＬに対応していないブラウザの場合送信できません。予めご了解ください。

○投稿する

○全入力取消

6-4

【談話】国民に「密告」を求め、教育へ不当に介入する「自民党『学校教育における政治的中立性ついての実態調査』」の即時中止を求める

２０１6年7月19日
全日本教職員組合（全教）
書記長　小畑雅子

自民党は、党のホームページ上で「学校教育における政治的中立性ついて実態調査」（以下「調査」）を実施しています。調査は「教育現場の中には『教育の政治的中立はあり得ない』、あるいは『子供たちを戦場に送るな』（後に「安保関連法は廃止すべき」と変更、その後削除）と主張し中立性を逸脱した教育を行う先生方がいる」として、「政治的中立を逸脱するような不適切な事例をいつ、どこで、だれが、何を、どのように行ったのかについて具体的記入」するよう求めています。政権与党が学校教育に関わって、実態調査と称して国民に「密告」を求め、教育へ不当に介入することは、断じて許されるものではありません。全教は、自民党の調査の即時中止を強く求めるものです。

教育基本法第14条は、「良識ある公民として必要な政治的教養は、教育上尊重されなければならない」としており、18歳選挙権が実現したもとで、発達段階に応じた主権者教育が豊かに積み上げられていくことこそが求められています。「政治的中立性」の名のもとに、自由闊達な政治的な議論を規制する今回の調査は、現場を委縮させるだけです。マスコミからも、「ホームページは『偏向した教育が行われることで、生徒の多面多角的な視点を失わせてしまう恐れがある』とするが、自民党はそれをそっくり自らへの指摘と受け止めるべきだ」（7月12日付朝日新聞社説）など、厳しい批判があがっています。14条第2項が、「法律に定められた学校は、特定の政党を支持し、またこれに反対するための政治教育その他の政治的活動をしてはならない」としているのは、戦前の軍国主義教育からの反省から、国民主権のもとでの「政治的教養」を教育上尊重するために、特に学校による党派的な政治教育や政治活動を禁止したものです。抑制されるべきは、国家や権力による教育への介入です。

今回の調査では、当初不適切な事例として、「子供たちを戦場に送るな」が挙げられていましたが、戦争放棄をうたった日本国憲法の立場から考えても、「子どもたちを戦場に送るな」という教職員の願いは、至極真っ当なものです。それを不適切とする自民党の見識が疑われます。国民からの厳しい批判によっ

て、文言は変更、削除されましたが、日本国憲法を踏みにじり、「戦争する国」づくりをすすめる自民党の本質が表れたものと言わなければなりません。

　調査の前文にも書かれている自民党提言は、「教育公務員の政治的行為の制限違反に罰則を科すための教育公務員特例法の改正」を挙げており、秋の臨時国会への法案上程も取り出されています。そうしたもとで、馳文科大臣が定例記者会見において、今回の調査について、「自由民主党という立場においても、多分実態が分からないので、さてどうしたものかという中での一案だと私は受けとめています」と答えたことは、政権与党による教育への介入を是認するものであり、容認することはできません。

　今回の自民党調査は、学校と教育のみならず、国民の思想・信条の自由を侵し、相互監視社会をつくろうとするものです。全教は、国民に「密告」を求め、教育の自由、教職員の政治的自由に不当に介入し、国民の自由を奪う自民党調査を許さないたたかいを、幅広い国民の皆さんとともにすすめていく決意です。

6-5

神奈川県警青葉警察署による教育への不当な干渉とこれを黙認する神奈川県教育委員会に抗議する声明

２０１６年9月9日

自由法曹団神奈川支部

支部長　森　卓爾

　本年7月に行われた参議院議員選挙は、選挙権年齢が18歳以上に引き下げられて初めて実施された選挙であった。この選挙において青葉区内の18歳、19歳の投票率が高かったことから、神奈川県警青葉警察署（以下「青葉署」という）が横浜市青葉区内の県立高校3校に対して「特別な取り組みをしたのか」等と電話で問い合わせた事実が確認された。これに対し、青葉署は「18歳19歳の投票率が高かったとの報道を受けて、理由を調べるためだった。」と弁明し、また、神奈川県教育委員会（以下「神奈川県教委」という）は、「今後の主権者教育に問題ないと考える」とコメントした。

　しかし、青葉署によるこのような事情聴取は、18歳・19歳という若年者の選挙権と学習権に対する干渉であるばかりか、警察権力の濫用として断じて許されるものではなく、これを黙認する神奈川県教委の態度もまた許されないものである。

　憲法は、国民主権の原理（憲法前文、1条、15条）に基づき、両議院の議員選挙において投票をすることで国の政治に参加する権利を国民に保障している。選挙は、国民主権の下、主権者である国民と代表者とを結び付ける手続きとして極めて重要なものであり、選挙権の保障なしに国民主権はありえない。

　このような選挙権の性質からすれば、高い投票率は、多くの国民が主権者として意思表明した事実を示すものであり、憲法理念に適うものである。

　これに対し選挙違反の取り締まり権限を有する警察が、高い投票率を理由として「特別な取り組みをしたのか」を問い合わせることは教育内容への不当な干渉にほかならず、主権者教育を行っている現場の教員に著しい萎縮効果を与えることになる。そしてそのことは同時に、若年者が主権者としての教育を受ける権利（学習権）に対する侵害にもなりうる。

　警察官の職務は、「個人の生命、身体及び財産の保護に任じ、犯罪の予防、鎮圧及び捜査、被疑者の逮捕、交通の取締その他公共の安全と秩序の維持に当ること」に限られ、権限の濫用は許されないとされている（警察法2条）。「18歳19歳の投票率が高かった」という事実が、犯罪の予防などと無関係であることは明らかであり、警察による今回のような

「聞き取り」は、警察権の濫用というよりほかない。

そもそも教育は不当な支配に服してはならず（教育基本法16条1項）、地方公共団体における教育に関する事務は、教育委員会が管理・執行する権限を有している（地方教育行政の組織及び運営に関する法律21条）のだから、神奈川県教育委員会は、今回の青葉署の行った教育内容への干渉に毅然と抗議すべき立場にあるにもかかわらず、これを「問題ない」と事実上黙認したことは、その責任を放棄したものと断ぜざるを得ない。

私たち自由法曹団神奈川支部は、神奈川県内で活動する弁護士130名で構成し、社会正義の実現、自由、人権、平和を守るために活動している団体であり、今回行われた青葉署による選挙権と学習権に対する干渉、警察権力の濫用及びこれを黙認する神奈川県教育委員会の態度に対し、強くこれに抗議するものである。

7 その他

7-1

国民の皆さんへ―アピール―

部落問題解決に逆行し同和利権を温存する「部落差別解消法」案を廃案にしましょう

２０１６年８月３０日
「部落差別」固定化法に反対する連絡会議準備会

部落差別の解消の推進に関する法律」案は２０１６年5月19日、自民、公明、民進の3党共同提案で衆議院に提出されました。提案者は二階俊博（現自民党幹事長）議員外８名です。５月20日に、法務委員会閉会間際に法案を読み上げただけの趣旨説明がなされ、当初25日は質疑終局、採決と言われていましたが、日本共産党のみが質問を行いました。

質疑で提案者は、何故法案を提案するのかという立法事実や法案の名条項について何ら説明しませんでした。一方質問に立った共産党議員は、２００２年3月末に同和対策特別事業法が終結した根拠、特別対策の継続は差別解消に有効ではない、人口移動が進み同和地区や関係者を特定することが困難になったことなどを政府側に答弁させました。かつ自民党が対象地域及び住民を法的に固定化させるとして恒久的対策の根拠となる「基本法」に反対した以前の経緯にもふれ、部落問題解決の到達点を無視した時代錯誤の法案であることを明らかにしました。与党側は6月1日の会期末が迫っていたため、参議院での廃案を避けるため継続審議としました。

この法案は全6条からなり、①永久法であり、②「部落差別」の定義がなく、③旧対象地区を掘り起こし対象住民を洗い出す「差別の実態調査」を規定し、④国や自治体に施策を求めるなど、「部落差別の解消」どころか「差別の固定化・永久化」になりかねないものです。

そもそも部落問題とは、封建的身分制に起因する問題であり、国民の一部が歴史的に、また地域的に蔑視され、職業、居住、結婚の自由を奪われるなど、不当な人権侵害をうけ、劣悪な生活を余儀なくされてきた問題です。

戦後、平和と国民主権、基本的人権、民主主義を基調とする日本国憲法のもとで、次の4つを指標として部落問題の解決、国民融合をめざす取り組みが進められてきました。①部落が生活環境や労働、教育などで周辺地域との格差が是正されること、②部落問題にたいする非科学的認識や偏見にもとづく言動がその地域社会で受け入れられない状況がつくりだされること、③部落差別にかかわって、部落住民の生活態度・習慣にみられる歴史的後進性が克服されること、④地域社会で自由な社会的交流が進展し、連帯・融合が実現することです。

１９６９年以降の33年間で国地方あわせて16兆円を投下して環境改善や教育・啓発の事業、市民的自立、社会的交流の増大が図られました。14年前の特別措置終結以降も、社会的交流は前進し、一部に問題がみられることもありますが、民主主義的対応で理解も進み、基本的には社会問題としての部落問題は解消したといえる状態に到達しています。

しかし、「部落以外は差別者」と主張する「同和団体」と特別な関係で継続している一部の県や自治体等では、２０００年に議員立法で成立施工された人権問題を矮小化し「国民の差別意識」を問題にする「人権教育・啓発推進法」を根拠に同和教育・啓発を中心とする「同和特別措置」が継続されており、部落問題解決の歴史に逆行する行政・教育を終結させることが課題となっています。

「部落差別解消法」案は、「部落差別」の規定も無しに国民を差別意識の持ち主ときめつけ、表現の自由を委縮させ、一部団体の「同和特権」の維持を図るものです。憲法の人権規定の無視や、立憲主義を壊し野党共闘・国民分断を狙う自民党の戦略が背景にあります。国民の皆さん、「部落差別」を固定化する時代逆行の悪法に反対する世論と運動を高め、必ずや廃案に追い込みましょう。

7-2

「部落差別」永久法案
参院法務委員会参考人質疑

２０１６年12月6日
意見陳述
全国地域人権運動総連合
事務局長　新井直樹

本法案は時代錯誤であり、部落問題に新たな障壁を作り出すもので、断固反対です。

部落問題は、近代社会への移行の際、徹底した民主主義が実現せず、社会の仕組みに前近代的なものが再編成された結果生み出された問題です。

解決のうえで特に重要な点は、差別事象が起きてからそれを問題化して取り上げるのではなく、常日ごろから部落問題に対する非科学的認識や偏見に基づく言動が、その地域社会で受け入れられない状況を積極的につくり出していくことです。

そのためには、①部落解放同盟（「解同」）がいう「部落民以外は差別者」という部落排外主義を駆逐し、国民的融合、国民連帯の理論と政策を住民の間に普及する②自主・民主・合意を原則とした啓発を行う③いわゆる「部落民宣言」や部落問題を第一主義的に教える「解放教育」を排除し、子ども、教職員の権利を保障する―ことが必要です。

人権侵害起こす

部落問題は、民主主義の前進をはかる国民不断の努力を背景に、特別対策と、高度経済成長に起因する社会構造の変化もあって解消に向かって大きく前進しました。国民の多くが日常生活で部落問題に直面することはほとんどなくなり、問題解決の著しい前進と評価できるものです。

今回の法案は、かねてからの「解同」の要求を下敷きにし、「部落差別は許されない」と概念規定も無しに記述しています。これは勝手な解釈を認めるもので、自らの不利益まで「部落差別」と捉える団体にとっては言論表現の分野のみならず、自治体に施策実施を迫る口実を与えることになります。無法で私的制裁そのものである「差別糾弾」の合法化に通じ、差別の解消どころか新たな人権侵害を引き起こします。

立法事実も存在しません。33年に及ぶ同和対策事業により、部落の世帯構成などに著しい変化が生じ、政府も２００２年に特別対策が終結した理由の中で大きな変化を認めています。

「部落」「部落民」は、いずれも居住環境や生活実態にみられた低位性や格差の解消、部落内外の人口・世帯の転出入の増加、「部落民」としての帰属意識の希薄化などに伴い、今日では過去の歴史的概念になりつつあります。「部落差別の定義は置かなくても、国民のだれもが一義的に理解する」などという発議者の答弁は、実態からかけ離れています。

具体的な実害としての部落差別は、公然と差別言動をおこす状況ではなく、それを許さない社会的合意が強く存在しています。インターネットでの匿名による陰湿な情報流出も起きますが、公然と支持が得られる状況にありません。

逆流起こす規定

法案は「部落差別を解消するため、必要な教育及び啓発を行う」となっており、同和対策事業の復活につながりかねない非常に無限定な規定があります。この規定が同和対策行政の逆流を引き起こし、自治体や住民に混乱を招きます。

法案は、「差別の実態調査」を国や自治体に要請していますが、行政上、「同和地区」「同和関係者」という概念は消滅しています。「調査」の名による「関係住民」の特定化、顕在化で、差別の垣根を未来永劫残します。

部落問題の歴史的社会的営みの到達点を政治的思惑で根底から壊すことになる本法案の徹底審議・廃案を求めます。

7-3

第3次安倍再改造内閣 自民全閣僚が「靖国派」

２０１６年8月3日
憲法会議事務局

第3次安倍再改造内閣の安倍首相を含む閣僚20人のうち、公明党の石井啓一国土交通大臣を除く全員が、日本会議・国会議員懇談会、神道政治連盟国会議員懇談会、みんなで靖国神社に参拝する国会議員の会のいずれかに所属歴のある「靖国」派の政治家です。副大臣、政務官もほとんどが「靖国」派の政治家です。

（副大臣25人中21人、他に公明党3人など、政務官27人中22人、他に公明党3人など）

［別表87～88ページ］

〔参考文献『日本会議の全貌　知られざる巨大組織の実態』（俵義文著、２０１６年、花伝社）〕

7-3 資料

安倍政権（閣僚、副大臣、政務官）と右派・改憲団体

	氏名	関係する団体		
		日本会議・国会議員懇談会	神道政治連盟・国会議員懇談会	みんなで靖国神社に参拝する国会議員の会
大臣				
内閣総理大臣	安倍晋三	○	○	○
副総理・財務大臣	麻生太郎	○	○	○
総務大臣	高市早苗	○	○	○
法務大臣	金田勝利	○	○	○
外務大臣	岸田文雄	○	○	
文部科学大臣	松野博一	○	○	
厚生労働大臣	塩崎恭久	○	○	○
農林水産大臣	山本有二	○	○	○
経済産業大臣	世耕弘成	○	○	○
国土交通大臣	石井啓一	公明党		
環境大臣	山本公一	○	○	○
防衛大臣	稲田朋美	○	○	○
内閣官房長官	菅　義偉	○	○	○
復興大臣	今村雅弘	○	○	○
国家公安委員会委員長	松本　純		○	○
内閣府特命担当大臣	鶴保庸介		○	○
経済再生担当	石原伸晃		○	○
一億総活躍担当	加藤勝信	○	○	○
内閣府特命担当大臣	山本幸三	○	○	○
東京オリンピック競技大会・東京パラリンピック競技大会担当	丸川珠代	○	○	○
	20人	16人	19人	17人

	氏名	関係する団体		
		日本会議・国会議員懇談会	神道政治連盟・国会議員懇談会	みんなで靖国神社に参拝する国会議員の会
副長官・補佐官				
内閣官房副長官	萩生田光一	○	○	○
内閣官房副長官	野上浩太郎	○	○	
内閣官房副長官	杉田和博	元官僚、警察。第2次安倍内閣で内閣官房副長官		
内閣法制局長官	横畠裕介	元官僚、検察官。第2次安倍内閣で内閣法制局長官		
内閣総理大臣補佐官	河井克行		○	○
内閣総理大臣補佐官	柴山昌彦	○	○	○
内閣総理大臣補佐官	衛藤晟一	○	○	○
内閣総理大臣補佐官	和泉洋人	元官僚（国土交通省）。第2次安倍内閣で内閣総理大臣補佐官。		
内閣総理大臣補佐官	長谷川榮一	元官僚（経済産業省）。内閣広報官。第2次安倍内閣で内閣総理大臣補佐官。		
		4人	5人	4人

※参考文献
『日本会議の全貌　知られざる巨大組織の実態』
（俵義文 著／2016年、花伝社 刊）

	氏名	関係する団体		
		日本会議・国会議員懇談会	神道政治連盟・国会議員懇談会	みんなで靖国神社に参拝する国会議員の会

副大臣

	氏名	日本会議・国会議員懇談会	神道政治連盟・国会議員懇談会	みんなで靖国神社に参拝する国会議員の会
復興副大臣	橘慶一郎		○	
	長沢広明	公明党		
内閣府副大臣	石原宏高	○	○	○
	越智隆雄	○		
	松本洋平	○	○	○
総務副大臣	原田憲治		○	○
総務副大臣 兼内閣府副大臣	あかま二郎		○	○
法務副大臣 兼内閣府副大臣	盛山正仁			
外務副大臣	岸　信夫	○	○	○
	薗浦健太郎	○	○	○
財務副大臣	大塚　拓	○	○	
	木原　稔	○	○	○
文部科学大臣	義家弘介	○	○	
文部科学大臣 兼内閣府副大臣	水落敏栄	○	○	○
厚生労働副大臣	橋本　岳	○	○	○
	古屋範子	公明党		
農林水産副大臣	齋藤　健	○	○	
	礒崎陽輔	○	○	○
経済産業副大臣	松村祥史	○	○	○
経済産業副大臣 兼内閣府副大臣	高木陽介	公明党		
国土交通副大臣	田中良生	○	○	○
国土交通副大臣 兼内閣府副大臣 兼復興副大臣	末松信介	○	○	
環境副大臣	関　芳弘	○	○	○
環境副大臣 兼内閣府副大臣	伊藤忠彦		○	
防衛副大臣 兼内閣府副大臣	若宮健嗣			○
	25 人	16 人	19 人	14 人

	氏名	関係する団体		
		日本会議・国会議員懇談会	神道政治連盟・国会議員懇談会	みんなで靖国神社に参拝する国会議員の会

政務官

	氏名	日本会議・国会議員懇談会	神道政治連盟・国会議員懇談会	みんなで靖国神社に参拝する国会議員の会
内閣府大臣政務官	武村展英	○	○	○
	豊田俊郎	○	○	○
内閣府大臣政務官 兼復興大臣政務官	務台俊介			○
総務大臣政務官	金子めぐみ	○	○	○
	富樫博之	○	○	○
総務大臣政務官 兼内閣府大臣政務官	島田三郎			○
法務大臣政務官 兼内閣府大臣政務官	井野俊郎			
外務大臣政務官	小田原潔	○		○
	武井俊介	○	○	○
	滝沢　求	○	○	○
財務大臣政務官	杉　久武	公明党		
	三木　亨		○	○
文部科学大臣政務官	樋口尚也	公明党		
文部科学大臣政務官 兼内閣府大臣政務官 兼復興大臣政務官	田野瀬太道		○	○
厚生労働大臣政務官	堀内詔子	○	○	○
	馬場成志	○	○	○
農林水産大臣政務官	細田健一	○	○	○
	矢倉克夫	公明党		
経済産業大臣政務官	中川俊直		○	
経済産業大臣政務官 兼内閣府大臣政務官 兼復興大臣政務官	井原　巧	○	○	○
国土交通大臣政務官	藤井比早之	○	○	
	大野泰正		○	○
国土交通大臣政務官 兼内閣府大臣政務官	根本幸典	○	○	○
環境大臣政務官	比嘉奈津美			
環境大臣政務官 兼内閣府大臣政務官	井林辰憲	○	○	○
防衛大臣政務官	小林鷹之	○	○	
防衛大臣政務官 兼内閣府大臣政務官	宮澤博行	○	○	○
	27 人	16 人	19 人	19 人